Contents

CHAPTER 8

内観

Naikan

CHAPTER

I

瞑想

Meiso

「解脱な自分」を目指して

瞑想だ！

瞑想がやってみたい！　と昔からやみくもに思っていた。

瞑想。それは「深く物事を考えられる自分」になれそうな響き。それでいて身近。でも続ければ「いつも平常心な自分」というワンランク上にもいけそうだし、その延長線上に「なんか世の中のことがわかっちゃう自分」もありそうだし、あれ、それってひょっとして「解脱な自分」!?　と、のっけから妄想も勢いづくような、私にとっては魅惑の単語だったのだ。

早速、その勢いにのってインターネットで検索してみた。うーん。瞑想って、結構いろんなやり方があるんですね。

そしてそれぞれの流派が「私ら、一番いい瞑想してますから！」と主張している。難しい。どうやって選べばよいのか。すごく迷ったので、思いきってデタラメに選んだ。というのは嘘で、吟味しました。

ポイントは三つ。

1　瞑想の方法

何かを思い浮かべながら、それに集中していくという方法、何かを唱えながら心を無にする方法、あるいは雑念がわいてもそれに気づけばＯＫ、などいろいろなやり方の中から、よさそうなものを考える。

2　宗教に勧誘されなさそうなところ

瞑想は古代仏教から生まれたものであるだけに、宗教とは切っても切り離せない仲。だから、宗教的な用語が出てくるのは当たり前だが、新興宗教、特に「カルト」と言われる団体も信者獲得の入口として瞑想を使うこともあるらしい。「瞑想するついでに入信もしたいな」と思っている人以外は、興味をひかれる会があったらその名前を検索し、どこかで問題を起こしてないか確認してから行った方がいい。

3　一日体験できるところ

宗教でなくても何かに勧誘されそうかどうか、というのは結局行ってみないとわからないし、瞑想そのものもやってみないと自分に合っているかわからない。それなのに最初にお金をたくさん払わなければならないところもあるので、まずは低料金かつ日帰りで参加できる会を探す。

泊まりだと、必ず何かを飲んだり食べたりしなければならない。だけど「よく知らない団体から出される物は食べちゃ

いけないんだ！」と、私の旦那トニーは力説しております。ごもっともでございます。

という点に気をつけてサイトを渡り歩き、私は一つの会を選んだ。そこで行われているのは「ヴィパッサナー」という瞑想法。

サイトを読んだ時点で、「サティ」とか「気づき」とか、専門用語っぽい単語がチラホラ出ている。き、危険……？

しかし、そもそも瞑想法の名前も「ヴィパッサナー」だしなあ。それってどこかの教団でいただける新しい名前に似ているね、いやいやこれは仏教用語なんだから大丈夫。何しろ、ブッダが解脱したのがこの瞑想らしいし。と自分に言い聞かせ、「一日瞑想会」に参加することにした。

さて、大丈夫なのか私。それに「ここなら大丈夫」と思った自分の目が正しいのかも、試される時だ。負けられん。勝手に勝負を設定しつつ、私は会場へと向かったのだった。

先生、大丈夫？

瞑想会が開かれているのは、市民センターの一室。にぎやかな街だし、かなり大きなセンターで人も多く、開放的な雰囲気。受付で聞いてみると、その会は和室でやっているという。行ってみると、20帖くらいの部屋と隣に6帖、それに廊下などもあって結構広い。大きな部屋の帖には白い座ぶとんがなんとなく列になるように並べられていて、すでに10人以上の人が座っている。前方の中心にも座ぶとんが置いてあり、座ぶとんの横（向かっ

CHAPTER I

瞑想 Meiso

て右）にはホワイトボードが立っている。

部屋の片隅には座卓が置いてあって、スタッフらしき若めの男女3、4人が静かにてきぱきと受付をしたりしている。私も受付。あら、名前と住所を書かねばならない。

なんで？

「あのー、なんで住所書かないといけないんですか？　こんなの書いて後で勧誘とか、面倒くさいことになるんじゃないでしょうねえ？」とはまったく言えず、思いっきり書きました。引越前の住所を。いや、引越したばかりなんで許して。

普段なら「書きたくないんですけどー」くらいは言えるんだけど、この時はなんか抵抗できなかったのだ。だって拒否して瞑想体験できなかったら嫌なんだもん、せっかく来たのに。そういう心が相手の思うツボなのか!?　あぶない!!　しかしもう少し様子を見よう。

気を取り直しておざぶの上へ……。全体が見渡せるよう、後ろの方に座る。気がつくとどんどん人は増えてきていて、もう30人ほどになっている。意外と、中高年の男性が多い。

会場の成分は、おじさん45％、おばさん25％、お姉さん20％、お兄さん15％といったところで5％はみだしてしまった。

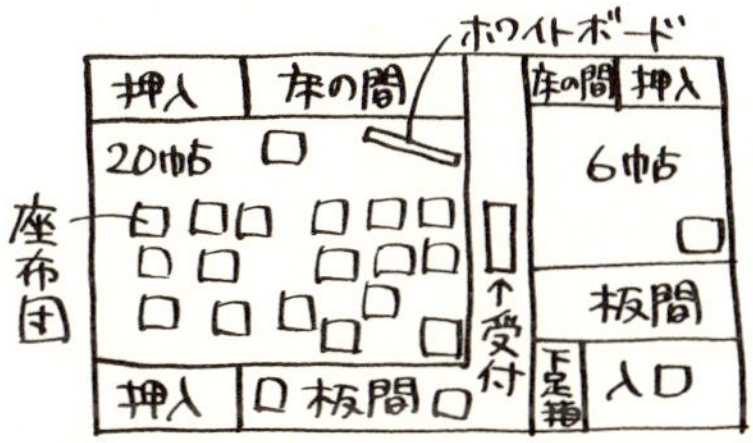

はみだしつつ前方を見ると、いつの間にか男の人が座っている。白いTシャツに、白いトレパン。パンツでもスラックスでもなく、明らかにトレパンである。

Tシャツの胸には黒いマイクをチョロッとつけて、コードの先のMDらしきものを手に持っている。正面には小さなノートブックパソコン。なんか今ドキだなー、って、そんなことよりその男の人の顔色が悪い。なんか茶色っぽい。そして体ガリガリ。鶏ガラのようだ。ほっぺたなんて目の下で「べコン」ってへこんでいる。この人が先生なのか。

「この会場の中で、病院から抜け出してきた人が一人います。さてそれは誰?」

というクイズがあったら、ぶっちぎりで一番人気になりそうなんだけど。そんな先生に習って大丈夫なのか。ひょっとして人間、解脱すると色が変わるのか。真剣に観察していると、先生の話が始まった。

「皆さん、こんにちは……」と話し始めた先生の声はちょっとハスキー。そして時折、喉《のど》の辺りをつまんでいる。先生、辛《つら》いのだろうか。

そんな私の心配をよそに、先生は淡々と「どうして苦しみ

CHAPTER
I

瞑想 Meiso

があるのか」「苦しみをなくすためにはどうしたらいいのか」などについて、仏教用語を使って話している。仏教用語を使っているといっても、法事なんかで聞く「坊さんのちょっといい話」という感じで、特に抵抗もなく聞ける。

「不善心所」というのが悪い心で、これがあるために怒りや嫉妬《しっと》などが起こるのだ、これをとめて心を清らかに生きよう、というような感じ。

私がなるほどと思ったのは、これ。

「私達は、事実を脳内で編集し、反応している」

つまり、起きた事実に対して勝手な意味付けをしているのは私達。あるいは脳内編集によって、事実を歪《ゆが》めてしまっているのではないか。その通り！　と、山田くんに頼んで座ぶとんをもう一枚あげたいくらい同意。

確かにそうだと思う。ただ私は、だからこそ本当のところはどうあれ、起きた事実を肯定的に受け止めれば気持ちよく毎日が過ごせるし、さらに気持ちがノッてくれれば、本来自分ができなかったようなことまでできるのでは？　という、世にいう「ポジティヴ・シンキング」的考えである。

でも先生は、「起きた事実をただ事実として認識すること

が大切」であり、「ヴィパッサナー瞑想は、その訓練である」という。「ヴィパッサナー瞑想」は「気づきの瞑想」と言われており、瞑想をしている途中で雑念がわいても無理に払うのではなく、「雑念がわいた」と認識する。認識することによって雑念をストップさせて、また瞑想に集中するという方法である。

具体的な方法は後で書くが、先生いわく「事実確認に徹すると、エゴで反応することがなくなる。そうなると、あらゆることに対して受容的になる」らしい。この状態が、「苦しみがなくなる状態」という話だ。

しかし、これは同時に「喜びもなくなる」ということでもある。事実に対して自分の感情を起こさないようにするということは、感情の振り幅が狭くなるということ。簡単に言うと、結局はそれが「解脱」の状態である、っぽい。確信は持てない。チャンスがあったら先生に聞いてみよう。

会が始まって1時間ほどが先生の講義と簡単な質疑応答で、それからいよいよ瞑想の実践に入る。

「まず歩く瞑想から教えますから」

瞑想って、座ってやるものしか知らなかったけど、歩くなんてのもあるのね。

それにしても先生、ほっぺたがマジへこんでるよ。私は先生のすぐ前に立っていたので、顔がよく見えるのだ。もう少し栄養とった方がいいんじゃないだろうか。何食べてるんですか。とか考えている私は、こんなに集中力ないのに瞑想なんてできるのか。

心を入れ替えて真剣にやり方を聞こう（しかし私の説明では多分言葉が足りないと思う

ので、正しい瞑想の方法は、興味を持たれたら各自調べてください）。

瞑想のやり方
まず
軽く足を開いて立つ
ゆっくり歩き出す
右足を出したら
足が動いてから
「右」と心の中で
認識する
右
ポイントは「動いてから」
認識すること
右
と思ってから
動くと
「かけ声」に
なってしまうので
要注意
慣れてきたら
もっとゆっくり
離れた
移動
着いた
この確認が
「サティ(気づき)」
確認する作業を
「サティを入れる」という

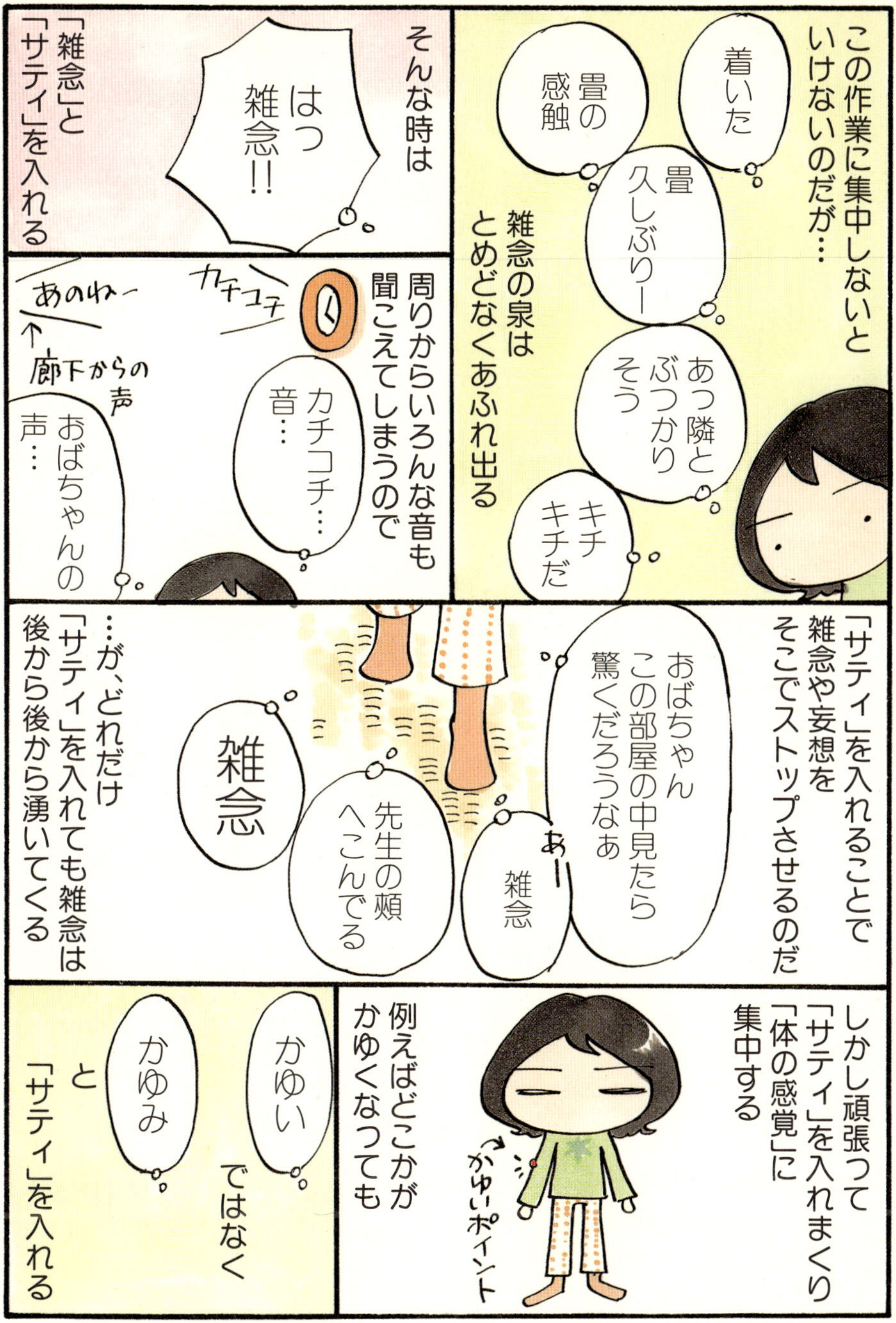
この作業に集中しないといけないのだが…
着いた
畳の感触
畳久しぶりー
あっ隣とぶつかりそう
キチキチだ
雑念の泉はとめどなくあふれ出る
そんな時は
はっ雑念!!
「雑念」と「サティ」を入れる
周りからいろんな音も聞こえてしまうので
カチコチ
カチコチ…音…
あのねー
↑廊下からの声
おばちゃんの声…
「サティ」を入れることで雑念や妄想をそこでストップさせるのだ
おばちゃんこの部屋の中見たら驚くだろうなぁ
あー
雑念
先生の頬へこんでる
雑念
…が、どれだけ「サティ」を入れても雑念は後から後から湧いてくる
しかし頑張って「サティ」を入れまくり「体の感覚」に集中する
かゆいポイント
例えばどこかがかゆくなっても
かゆい
ではなく
かゆみ
と
「サティ」を入れる

この瞑想は
「観察」の瞑想とも
言われている
「かゆみ」
がある
自分の体に起こっている
「かゆみ」を観察するのだ
先生によると
「痛み」や「かゆみ」は
かゆみ
一瞬現れては
消え、
現れては消え…
そして
いつかは消える
何だって
いつかは
消える
すべて
この世のことには
終わりがある
それが無常
それが
仏教の教え
ちっぽけな
私
正しいのか…？
私としては
何でも
起こるがままに
受けとめる
感覚のみに
なることで
「自我」を捨てる
ということだと
思いました

向かいの壁まで行ったら戻ってくるというコース
では実際にやってみましょう
よし…
そろ〜
右

左
あげる
移動
はっ
「足を見ると目で確認してしまいます体の感覚のみを感じられるようなるべく足下は見ないでください」
by先生
前方斜めを見よう…雑念
しかし
きち〜〜っ
右の人ぶつかりそう…雑念
座布団雑念
左の人は早い…雑念

いかん
雑念
右
あげる
移動
…
雑念!!
でも部屋が明るいのもよくない…
雑念
体重移動
左足あげて
…その靴下自分で買ったの?
↑左の人
…しかし
のそ〜
のそ〜
今この姿友だちに見られたらなんて思われるんだろう…

ぐっ
…って妄想!!
右離れた移動
着いた体重移動ここに
かかと離れた
先生の
頬の
へこみ
ほおの
へっこみ
雑念集中しなければ雑念明るすぎ
て雑念右足右かかと離れた移動
かかと着
着いたつまさき着い
た畳
畳の目雑念あそ
座布団が雑念体
重移
動カチ
コチ音
腕ふ
るよろめく雑念
足の端に力入
れるざりざりする
おばちゃんの声
うるさい雑念足集中へ
み雑念へ
こみ雑念うまく歩けない座布団見え
るってことは考えてるってことかな雑念足の

私のささやかな脳みそが
クラッシュ寸前!
脳に冷や汗
雑念雑念!!
私の脳の中にいる人
このままだと気…気が狂う!!
かくじつに!!
のっそ〜
それなのに端から見るとスローモーに歩く人…
では歩く瞑想やめてください
ほーっ
気が狂うか解脱するか…究極の選択のような疲れた時間であった

道場やぶりのような人

ボク この瞑想 全然できなくて 効果も わからないん ですけどー
そうですか でも続けて いただければ わかりますよ
質問が 7つくらい あるんですけど いいですか?
えーと 時間がないので 手短かに…
まず お釈迦様が 解脱した時に どう感じたか ということと…
超専門的な こと次々と!!
メモ

レッツトライ、レッツ半眼《はんがん》！

次に「立つ瞑想」の説明。これは時間がないので説明だけ。左右の足の裏の、どこか1点を決めてそこに集中する。例えば「左のかかと」にしたなら、そこに圧力がかかっていることを感じながら「圧、圧……」と確認。

これは目を閉じられるので集中しやすそうかな、と思う。

最後に「座る瞑想」。一応足の組み方を説明されたが、あまりこだわらないとのこと。両足とも腿《もも》に上げて組めればそれに越したことはないが、片足でも可。優しいのね。お言葉に甘えて、私、片足だけのっけましょ。そしてお尻に座ぶとんを二つ折りにして敷く。ちょっとお尻を高くすることで膝《ひざ》が床につくので、安定するのだ。そして「座る瞑想」の場合は呼吸に集中する。呼吸というか、それによって起こる胸、またはお腹の「膨らみ」「縮み」を意識するのだ。

先生は腹式呼吸がわかりやすくてオススメ、ということだったので私も腹で呼吸にトライ。これは一列ではなく、自由に散らばってスタート。私は部屋の中央に向いて座ったが、何人かは壁に向いていた。確かに壁の方が集中しやすそう。

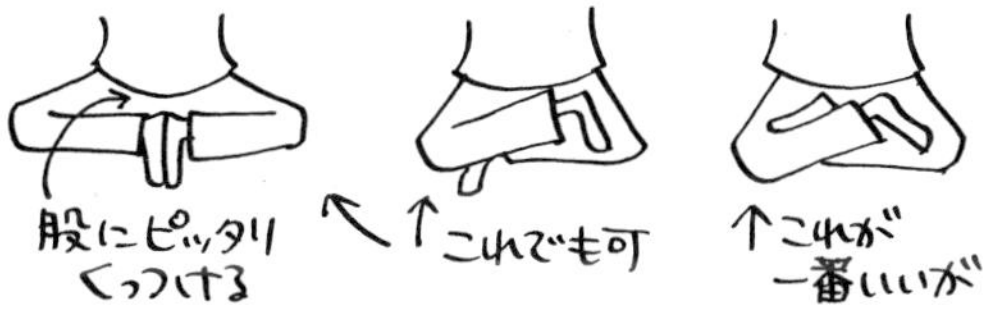

でも座りは目が閉じられるだけに、歩くより集中できそうである。といっても眠くなっちゃうのかな。

答え：なります。余裕で、なります。

じゃあせめて、眠くなる前に集中はできたのか。

答え：できません。

詳しく言うと、集中はしやすいんだけど、相変わらず雑念入道雲は私の青空よりも大きく盛り上がってしまうので、サティしまくっているうちに、その激しい戦いから逃げるかのようにあっという間におねむがきてしまうのです。

眠気がきたら「眠気」とサティを入れろ。これ鉄則です。そしたら眠気が吹っ飛ぶことも多いらしいです。よーし！「眠気、膨らみ……、ちぢ………、はっ、眠気」点々のとこ、意識不明です。全然だめじゃないか！

そうだ、先生はこうも言っていた、「目を閉じると眠くなりやすいので、薄く開けて、自分の足よりちょっと先を見るともなしに見るのがよい」。レッツトライ、レッツ半眼！

うーん、やっぱり前に座っている人が視界の隅にはいるなあ。でもしばらくやってみよう………はっ、眠気。

思うにこの薄目、「寝る直前の人の目」にそっくりである。

超スムースに入眠ＯＫ。ああ、もう少しできるヤツだと思ってたぜ自分……。でもでも、ゆうべも仕事しててあんま寝てないしな～、はっ、言い訳。

今この瞬間、私が地球上で一番「解脱」から遠い人間かも。遥《はる》かなる、マイ修行道。気が遠くなる頃、やっと瞑想タイムが終了。「やっと」って。

修行の第一歩：眠らない

20帖の和室に移ると、先生が一人一人に感想など聞いてゆく。みんな口々に、「雑念がわいた」とか「やり方が合っているのかどうかわからない」とか言っている。私だけではなかったのだ！　うれピー。嬉《うれ》しさで、のりピー化現象を起こしていると、私の番に。「私はすごく妄想する人間なので、大変だった」と告白。先生の答えは「大丈夫。最初は誰でも妄想してしまいますから。まず、それに気づくことが大切なのです」。マンモスうれピー。

しかし。「この瞑想を続けた人から、妄想することをやめて集中力が増したので仕事の効率が倍になったとか、あるいは何が起きても落ち着いて対処できるようになったという話

をよく聞く」という話もしている。

どうも聞いていると、結局「余計な妄想をするから、苦しみが生まれる＝苦しみをなくしたければ、日常で何かあった時、妄想している自分に気づいて〝妄想〟とサティを入れて、それをとめろ」ということのようだ。

そうすれば、必要以上に思い悩むこともないし、何か事故みたいなことが突発的に起こっても落ち着いていられるようになるとか。実際、ずっとこの瞑想を続けている人は日常生活でもよく「妄想」とか「触れた」とかサティを入れているらしい。そうなのか——、うーん、ちょっと待って！

妄想するたびに妄想をとめるなんて、困るなあ。あたしゃ妄想でオマンマ食ってる人間なんですよ、って今度は浅香光代だ。

で、先生に「料理する時や、仕事で企画を考えるのも妄想してると思うんですけど、それもダメなんですか？」とすご―く遠回しに聞いてみた。

すると「そういうのは仕事だから大丈夫です」という答え。でも、日常的にサティを入れ始めたらというか、この瞑想を続けていったらどうしても少しでも入れてしまうと思うんだけど、私の場合、仕事に支障があるんじゃないのかなあ。誰だってそうかも知れないけど、私は常に何かを考えてるし妄想してるし、しかしそれがどんなにくだらないものであっても、そこからネタが生まれることがよくあるのだ。というよりはそうしていないと、漫画が描けない。

でも、もし妄想している最中に「はっ、妄想」といって妄想をとめてしまったら、広がるものも広がらなくなるのでは？ 今でさえ、でっかくないスケールが、マッチ箱に!? いや地球を救おうとか人間の存在とは、なんて話を描こうと思っているわけではないけど、うーん、不安だなあ……。と妄想を搔《か》き立てているうちに、1時間とちょっとで感想と質問タイムが終了。「では、最後にまた瞑想しましょう。各自、自由に好きな瞑想をしてください」ということで、また1時間弱、瞑想というか私の場合、戦いに入ることになった。

私は毅然《きぜん》と、「眠らない」という非常にレベルの低い目標をたて、「立つ」か「歩く」にしようと考えた。そして、やったことがなく、かつ目を閉じて集中しやすいと思われる「立つ」に決定。その場に立った。

「圧、圧、圧、ガサゴソ、音、ヒタヒタヒタ、誰か歩いてる、雑念、圧、床（私のいたところは板の間だった）、冷たい、雑念、圧、集中しにくい、雑念、圧、飽きてきた、雑念、飽きた」怖い。自分が怖い。骨の髄までダメ人間ではないか。なんだ飽きたって。でも、自分のかかとの圧《お》されている感覚に集中するって、ほんと難しい、言い訳。いいや、歩こう、決心。

やっぱりなんか動作してた方が集中しやすいんだよ、雑念。と思いつつ歩行開始。「離れた、移動、着いた、前方に座る瞑想の人が、雑念、でかいなあ、雑念、ラグビー、妄想、移動角刈りキャプテン妄想ざぶとん雑念着いたよろめいた先生何してんだろ雑念パタパタ音栄養雑念」案の定脳内ヒートアップ。休む間もなくて辛い。外から見たら、ものすごく静かにゆっくり歩いている人なのに、脳みそは汗をかくほど激しく動きまくっている。いや集中だ、集中するんだ、離れた、集中、移動、移動、歩き……疲れた……。……座る瞑想にしよっと。

座るための座ぶとんを取る時も「腕を伸ばす」「曲げる」「しゃがむ」とサティ入れつつ、ゆっくりゆっくり。向かいからも誰かやってきて、座ぶとんを挟み、超スローモー人間の出会いがそこに……。客観的に考えると笑ってしまいそうになるので、クールに「座ぶとん」とサティ。間違っている気がする。座ることに集中しつつ、部屋の中央に向いて座る。様々な瞑想をしている皆さん。先生も座る瞑想をしている。先生の目が開いているのかどうか確かめようと思ったが、なぜか先生は茶系サングラスをかけて立川談志的形状になっており、よく見えなかった。そしてその後私は……えーと、ここから先は事情により割愛。瞑想しに来てデジャ・ヴを体験した、とだけ報告します。

解脱界のマナー破り

さて、無事に瞑想会が終了。ゾロゾロと廊下に出る。先生も出てきたので質問をしに行く。

「先生！　あのー、もし解脱したらですねえ、感情の幅がな

くなってくるんですよねえ？　ということは『自分』がなくなるってことで、そしたら『生きている意味』ってあるんでしょうか？」「うーん、そうですねえ、私の知っている解脱者は『穏やかな喜び』だけが残ってるみたいですねえ、みんな」笑顔で先生は語る。

「じゃあ、もんのすごい苦しみやドロドロを受け止めるから、突き抜けた喜びも感じたいって思えば、それでいいんですか？」

「うん、そうしたければそうすれば？　って感じだねえ。なに、小栗さんは解脱派なの？」

「げ、解脱派って……」派があるのか？　周りでも笑い声が起こる。

「いやー、私、解脱するのは無理だと思うんですけどー……」と言いつつ、これぞ肝心な質問。

「先生は解脱してるんですか!?」

「そういう質問はしちゃいけないことになってるの」

ええええーっそうなの？　それが解脱界のマナーなの!?

「そういうことはね、〝あなたの年収幾らですか？〟って聞くのと同じようなものだから。もっとね、遠回しになんとか

聞き出さないといけない」と先生。

そうなのかー。プライヴェートな問題なのね。後から考えたら、「先生に〝苦しみ〟はないんですか？」って聞けばよかったな、と反省。

それにしても、常に穏やかで話し掛けやすい先生だった。「自分はこんな修行をした」と自慢するわけでも、瞑想がうまくできない人を叱《しか》るわけでも、何かに勧誘するわけでもない。純粋に瞑想のよさを広めるために生きている、そんな感じ。

常連さんも、「信者」という感じではなく、まったくの「常連さん」ムード。全体的に平和だ。ちなみにサングラスの理由は「ドライアイだから」ということでした。「ドライアイ」は瞑想では治りません。

ということで、無事に家に帰ってこられた私は、自分の「見る目勝負」には一応勝った。

しかし、妄想をストップさせてしまうかも知れないという瞑想は、じゃっかん私には合ってない予感……。これで一勝一敗。だが、勝ち負けにこだわっていて解脱ができるかと自分に言いたい。

この瞑想、私には続けるのが大変そうではあるけれど、帰ってきてしばらくはサティを入れてしまった。なんかクセになるというか、それだけインパクトがあったということなのかなあ。

常連さんは、1週間の合宿の最後に「〝あ、これだ〟ってコツがわかった」と言っていた。多分私はそこまで続けてできないけど、その後も眠れない夜などに時々やってみることがある。やっぱり長く続けることはできないけど、逃避したいせいか、少し眠くなる。なので、役には立っているかも知れません。

この日一番ウケた質問
優しそうなおじさん
私、周りの人を嫌わないように嫌わないようにと頑張ってきたのですが
最近…私が周りに嫌われてきたような気がするんですが
…どうしたらいいんでしょうか
あはは

瞑想を終えて

本気で、気が狂うかも知れないと思った。真剣にやろうとすればするほど、一瞬たりとも休まず「サティ」を入れ続けなければならない。一瞬たりとも休まず雑念がわいているから。

それに同時に二つ三つのことを捉えていたりもする。皆さんも、この本を読んでいる今、本のまわりの風景だって目の端で捉えているだろう。机。ライト。リモコン。足かゆい。そういう何気なく感じていることをすべて自覚し、「雑念」と確認していくのはかなり大変な作業。

この瞑想が「わかる」までやるのは、私にはきっと無理だろう。

瞑想のやり方はほかに「大きな円を思い描く」とか「宇宙と一体に」というのもあるのだが、たまに現実より瞑想世界に浸り続けたくなる「瞑想病」になる人もいるらしいので要注意です。

Chapter 2
写経
Shakyo

命懸けの修行　午前中のお出かけ

その朝、駅に降り立った私は、大きな不安を抱えていた。

原因はタイ料理である。

ゆうべ、私は久しぶりに新宿でタイ料理を食べた。私は辛いものがそんなに得意ではない。

そして、昨日のタイ料理は辛かった。一口食べ、瞬時に私の舌は「日本人向けにあんまノーアレンジ」な状態をキャッチした。それで最初から「辛〜〜〜っ辛〜〜〜っ」と舌を出していた。なのに。なぜだろう。気づくと……辛くなくなっていたのだ。

カレーやパパイヤのサラダなど何もかも、普通の料理と同じように味わえる。こんなこと初めて。ひょっとして舌の臨界点を超えたのではないだろうか。

そう思いつつ、私よりずっと辛いものに強いトニーでさえ眉間《みけん》に皺《しわ》を寄せながら食べるような料理を、私は快調にバクバクとたいらげたのであった。おいしかった。

ところで仏教には「因果応報」という言葉がありますね。実にこの世界をよく表していると思います。「原因があれば、

タイカレーはおいしいな
春雨のサラダは私にはいつも辛すぎ…!!
特にナス

結果もある」……もしかして解釈が間違っているかも知れないが、なーにそんなこと問題ではない。今、ここに私が抱えている危機。それこそが大問題なんである。そう。なんとなく、お腹が痛いのだ。ヤバい。

今日は写経がメインなのだが、月に一度の法話もあるということで、頑張って早起きしてやってきた（といっても10時なのだが、超夜型の私にとっては「午前中のお出かけ」はそれだけで命を懸けた一大事業である。っていうのは嘘だけど、嘘をつくほど辛いという心情、すでに修行、ってハンパなラップ調Ｙｅａｈ！）。

皆さんが気づいているかどうかわからないが、私は軽くアホなので法話を聞かなければならない。しかし、途中で気軽にトイレに行けるのか、いや何より、今は「なんとなく」のこの痛みがこの先「とんでもなく」になるんじゃないかという心配でいっぱいである。だってなんか、さっきから「あつっ」とか「いたっ」というような腸の叫びを感じ始めているんだもん。と、ちょっとかわいらしく言ってみたところで、何になるのだ。何にもなりゃしねえ、プッと爪楊枝を吐き出し（あくまでもイメージ）、私はいさぎよくお寺に向かった。

CHAPTER 2 写経 Shakyo

友情出演する坊主とネタ帳をもつ坊主

自分が今書いたことを覆すのもなんだが、そこはお寺といっても、ビルの一室であった。本堂を新しく建て直しているらしく、１、２年ビルに間借りしているらしい。

しかしそうは言っても中に入ると、なかなかに寺ムードあふれる空間である。小さなホールくらいの大きさで、正面左寄りに大きな仏像がどっしりと置いてあるし、障子があったり畳が敷いてあったり赤い布が貼ってあったりと、完璧和風にカスタムずみ。部屋の左の壁沿いに、一列に二人座れる机が5列並べられていて、写経はその机で椅子に座ってやるらしい。その右側の空間、仏像の正面にあたる辺りに木のベンチのような長い椅子が5列くらい並んでいる。50人はラクに座れるくらいの広さだ。

　私は爆弾を抱えているので椅子の端っこに座りたかったのだが、結構人が来ていて、もう端は空《あ》いていなかった。無念。椅子はベンチ状だから、トイレに行く時は人の前を通っていかねばならない。ほんのりダークな気持ちになりながら待っていると、お坊さんが現れた。

　まず若いお坊さんが、たまたま今日ここに寄ったということで、少し友情出演していくらしい。この人、まゆげくっきり目くりくり笑顔全開。言葉が明瞭で話もうまい。

　さっきまで自分の子供が夏に朝顔を育ててた、と語っていたと思ったら、

「私達も花なんですね。一輪一輪、綺麗に咲いてますけれども、その後ろには葉も茎もあるわけです。周りの人に感謝、

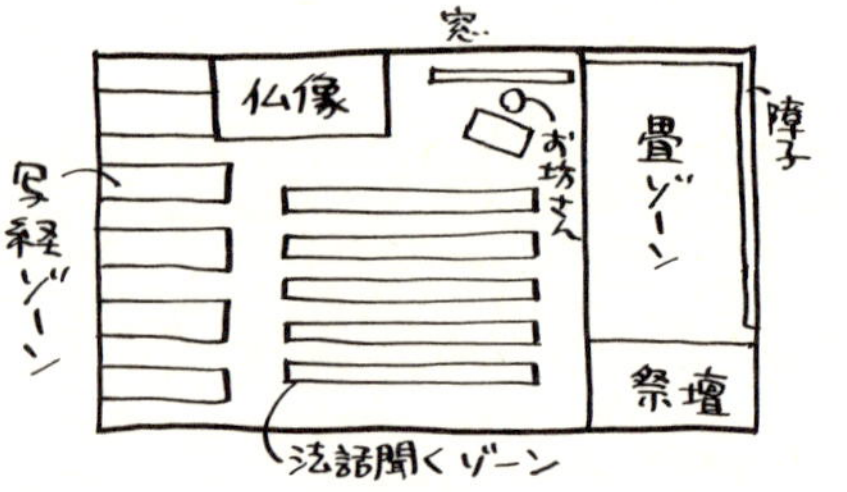

CHAPTER 2

写経 Shakyo

御先祖に感謝、忘れてはいけません」などと有《あ》り難《がた》い話になっている。聞いている客は、といっても「客」かどうかわからないけど（法話聞くのはタダだし）、「本当よね〜〜〜〜〜有り難や」な波に揺られている。

30人以上いた客はやはり高齢者が多いが、夫婦で来ている人も結構いるし、30代くらいの人も少しいる……って、周りを観察している場合ではない！　きた！　私にも波がやってきた。ここまでなんとかもっていたけど、やっぱりダメだ。お腹が痛い。

その痛み、トンデモ級。しかし周りは人に囲まれているし、アホ脱出のために法話も聞かなくては。なのに。猛烈な痛みが。ピンチだ。何気にオグたん大ピンチである。

思えば、普段の生活で会議も接客もない私は「○○しなければならないのに××が痛い危機」なんてなかったのだ。ああ、これこそ有り難い話だった……なんて合掌している場合ではない。舌の臨界点を超えれば腸の臨界点も超えるのだ。「辛み」とは、実は味ではなく痛点で感じる「痛み」らしい（これ本当の話）。そんなトリビアを体で実感しつつ、意を決し、「すいません、ちょっと通してください」と恐縮しなが

ら外へと脱出。というかトイレへ直行。

煩悩ってやっかい

さて。私も年を取ったとはいえ女子の一員なので、美しい表現を心掛けようと思うが、しかしそんな必要もないほど普通のトイレタイムであった。

とはいえ結果として戦いに勝ったので、個室から出て手を洗う段にはもう鼻歌まじり。ごきげんなまま、法話の会場へ再び滑り込む。すると坊さんが代わっていた。

そしていきなり読経が始まった。経本は持っていないので、手を合わせてお経を聞いていると、隣に座っていたおばさんがそっと見せてくれた。おお、ここに仏が。さすが寺に来ているだけある。ビルだが。

さて、読経が終わり、法話の本番開始。今度はいつもここで話をしている人らしい。このお寺は本山が関西にあるとかで坊さんも関西弁である。

しかしこの坊さん、しゃべるしゃべる。関西弁だから、というのではなく確実に芸人気質。必ずオチを言わないと気がすまないらしく、

「位によって袈裟《けさ》の色も変わります。黒から始まって緑、赤ときますけど、しかし赤になるとね、先が見えてるんじゃないかと。人間成長中がいいんじゃないかと思いますね。ま、私は〝あるの着とけ〟って言われましたけども。へえ」

てな感じである。しかし聞き続けていると、なんだか町内会のおっちゃんに見えてくる。

「修行中は上に怖い人がいて随分叱られてね、もうその方亡くなりましたけど、今でも夢にみる。パッと目覚めて〝あー死なはってよかったな〟とね」「お彼岸は7日だけですのでね、もう15年も20年も同じ話しております」……どう考えても目的は「笑い」でしょ。

そして「家庭がうまく機能していない」的なことを憂い始めたと思ったらいきなり「非行と母子家庭には関係がある」なんてことまで言いだす始末。ひっくるめすぎ。

坊さんが生徒で私が教師だったら「次の授業は国語でしたが、急きょホームルームにします。みんなわかっていると思いますが、さっきの坊主くんの発言です」というような事件ですよ。

それにこの人の話、あっちこっちにいったまま帰ってこな

くてまとまりがない。だいぶ時間もたって、黄泉《よみ》の国に連れていかれている人もチラホラ出てきた。

　でも言葉と言葉の間も開きがちになってきたし、そろそろ終わってくれるかな……？

　と思ったら、坊さんは手帳を取り出し、それを見ながら「そうそう、ちょっと前に私がねえ……」と話し始めた。ネタ帳かよっ！　芸人決定。

　それから本堂の建て替えについても話していたけど、この「寺建て替えの件」についてちょっと一言よろしいかしら（byデヴィ）。お金持ちの檀家《だんか》がたくさんいる寺、または、儲《もう》けている寺が建て替えに何億使おうと構わないけど、どこもが必要以上に豪華に造る必要はないんじゃないでしょうか。神様仏様が「もうちょっとゴージャスじゃないとなー」なんて言いますか？　それなら俗世間にいる人間とあまり変わらない。信仰する意味はどこにあるのか。

　小さい寺でもみすぼらしくても、信仰心があふれていれば、喜んで神様はそこにいらしてくださるのではないのか。私はそう信じてるんだけど。特に観光地でもないお寺なのに何億もかけて、そのために「一軒百万円以上でお願いします」と

いう寺。許せん。

しかもお堂綺麗にするついでに自宅もやっちゃう、ちゃっかり坊主も。なんだその10帖ある素敵な玄関は！　うちんとこの分、この2帖分かえ!?　なんていう思いも芽生えるってもんですよ。これで説教もヘタだったら目もあてられませんわ。

ああ怒ってしまいました、やはり私には修行が足りません。まあしかし、お坊さんも結構普通の人が多いんだなあと。修行していても、俗な部分ってなかなか捨てられないんだなあ、というようなことも、これからの経験で私は知っていくのです。

煩悩って、やっかい。

写経

長い長い法話が終わり
みんなすぐ帰るのかと
思いきや
あちらにお茶を
用意してますので
どうぞ
なんと抹茶が
いただける
らしい
赤い
その時
もー随分
人が
座ってるし…
入れない
かなぁ〜
オイデ
オイデ…

ここにも仏が!!
さすが寺
ゆっくり
すいませんー
うんうん
そして
この寺特製らくがんまでいただいた
普段からくがん好きというわけではないが
なんかラッキー 抹茶もおいしいし
しばしおじいちゃんと仏教談議をして
お昼を食べるためいったん外へ
お昼やっている店が少なくさまよう私…
その後戻って
すいません写経やりたいんですけど…

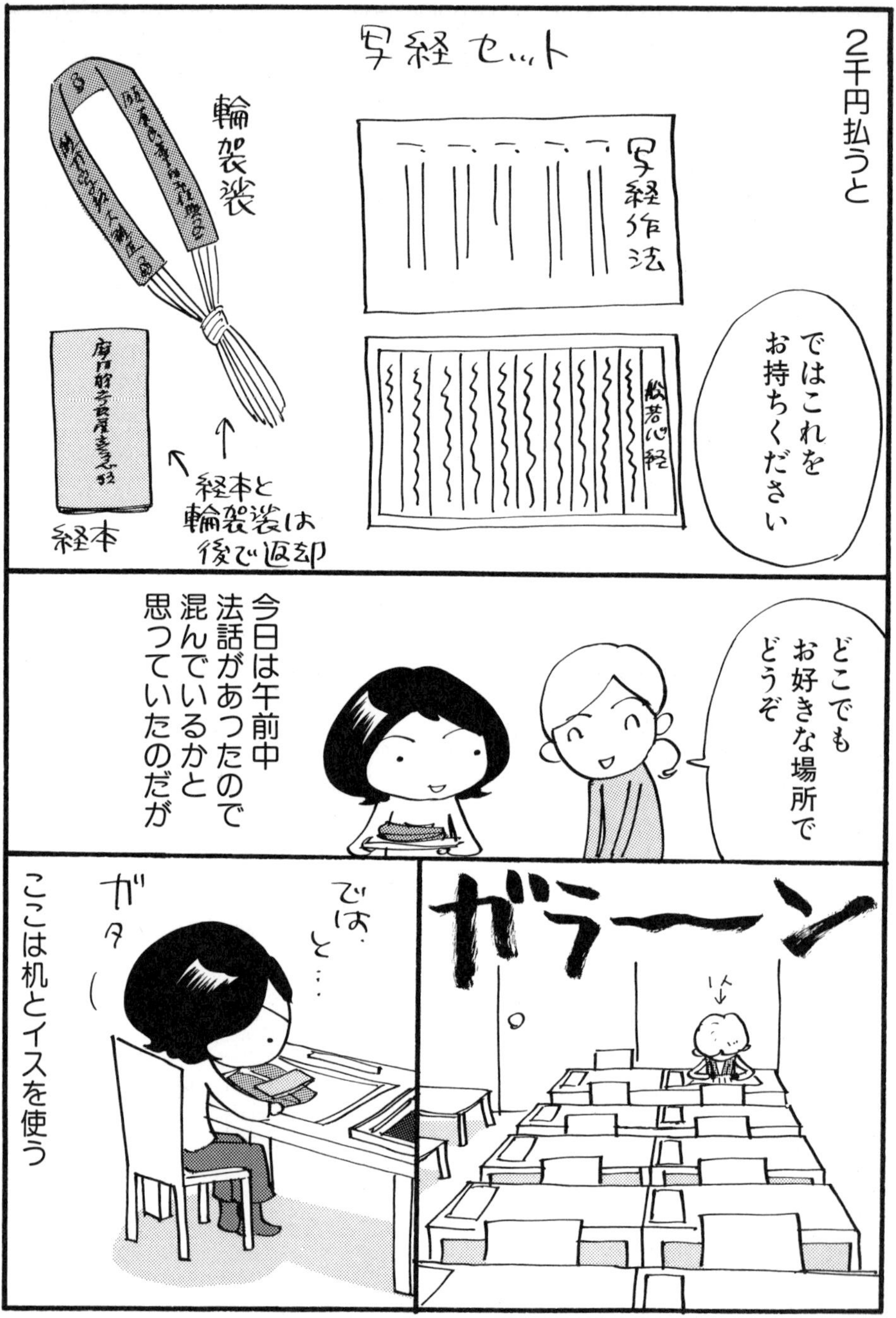
2千円払うと
写経セット
ではこれをお持ちください
写経作法
般若心経
輪袈裟
経本と輪袈裟は後で返却
経本
どこでもお好きな場所でどうぞ
今日は午前中法話があったので混んでいるかと思っていたのだが
ガラーーン
ガタ
では と…
ここは机とイスを使う

机の上
龍が彫ってあるぶんちん
墨
水入れ
筆
木箱
すずり
今持ってきた写経セット
輪袈裟《わげさ》はかければいいんだよね…
それからどうするのか
写経作法を読んでみる
写経作法
一、お写経の前には合掌し「写経観念文」をお読み
一、書きあがりましたお写経は正面の仏様の前に、お
一、机上の写経用具など
唱える「写経観念文《しゃきょうかんねんぶん》」も載ってるし裏には「般若心経《はんにゃしんぎょう》」の意訳もあって初めての人でもわかりやすい

まず紙の用意をして
習字紙
お手本の般若心経
つまり
なぞれば
OK
摩訶般若波羅蜜多
観自在菩薩行深般
蘊皆空度一切苦厄
次は墨をする…
カワイイ入れ物
中に水が
入っている
陶器
ドポン
あっ
お…
思ったより
大量に
水が!!
頑張って
するか…
仕方ない
しょり しょり しょり しょり しょり しょり
しかし墨をするなんて
何年…いや何十年ぶりかな

しょり
しょり
しょり
しょり
しょり
しょり
久しぶりすぎて
どこまですればいいのか
わからない
じーー
もう…いいかな？
黒いでしょー
ぷる
ぷる
ぷる
ぷる…
う…
うすっ…
しょり
しょり
しょり
しょり
しょり
しょり
しょり
どうぞー
びくっ
じーーっ

おう
またまた
お茶と
特製らくがんが!!
本日
2個め…
写経しにきて
太るかも…？
でも
いただき
ました
もちろん
さて
写経といえば
「誰かの供養の
ためにやる」
というのを
よく聞きます
私は
やっぱり
お父さん
だな
お父さんの
ことを
考えつつ…
思い出し
つつ…
始めて
みました

お父さん…
お父さんの成仏
うわーへったくそー
「ハネ」が変か
さっきもこの字難しかった
ついキレイな字を書くことに集中してしまう
いやいやお父さん…
モヤ〜
いやこの角が!!
どうしてもうまく書けない!!
やはり雑念との戦いである
でも誰にも何も注意されないので戦いつつなぞりになぞる
20分後
できた…
ヘタクソだけど

最後には
般若心経
奉為 発菩提心 荘厳国土
為(お願いごと) ○○家先祖代々 証大菩提也など
住所
氏名
平成 年 月 日 納経第 巻目
私は
納経第一巻目
「百」になる日は くるのだろうか
一日一巻(一回)が 基本なので
今日はこれで おしまい
ここでは写経をすべて 奉納してくれるそうなので
置いてきた私の写経も 寺に保管されることでしょう
輪袈裟と経典《けいてん》を 返す時
お手本 いただきたいんですが…
と 言うと
自分が使った お手本の紙や 写経作法を 丁寧に包んで もらえます
これがあれば 家でも できる

うーん
あっけなく終わった
ような…
でも書いた後
奉納してくれるのが
嬉しいし
父のために
何かしたっていう
充実感は
あるなぁ
自分の修行
というより
身近な誰かの
ために何かしたい
という気持ちに
いいかも知れません
それにしても
「写経作法」の
裏にある
「般若心経」の意訳を
読んでみると…
心にこだわるものもなく
心にこだわりなき故に
恐るるものとて
なにもなく
これが
「悟り」なんで
しょうなぁ
こんな境地に
到達する日は
くるのか…!!
なんか
フテ寝

写経を終えて

正直に言うと、写経そのものはあっけなく終わってしまった感じだった。とにかく字を写すという決まりがあるだけなので、途中で飲んだり食べたり、リラックスしながらでもできてしまう。そして「字を上手く書くこと」に夢中になる恐れも大ありです。

そんな自分を自分で律しつつやらなければならないところが、逆に難しいような気もする。しかし筆で細かい字を書いていると、だんだん心静かにはなってくるので、供養などではなく自分の気持ちを落ち着けるためにやるのもいいかも知れません。

と書いていますが、何しろ私は1回書いただけ。

100回やり終える頃にはまったく別の気持ちを持っているのではないかと思います。今は般若心経も最初と最後しかわからないけれど、お経の解説を読みながらやればその意味について考えられて、とても勉強になるのではないだろうか。お経に書かれていることは、ちょっと霞がかかるくらい遠い境地なんですが。頑張りたい。

Chapter 3

座禅

Zazen

マイ・フェイバリット坊主

「私、座禅がしてみたいんだけど……」と、ある日、友達の杏子ちゃんが連絡してきた。私が写経や瞑想をしているという話を聞きつけ、一緒に修行しようと思ったらしい。「ああ、座禅は前やったことあるよ」と答えると「いいなあ。辛い？何か変わる？」と興味津々の様子。

しかし私もやったとはいえ、10年近く前の話。しかも座禅が終わった時、「これからちょくちょく来たいと思ってますので、皆さんよろしくお願いします」と宣言したくせに、その1回でやめてしまったというだらしなぶり。

「せめて2回くらいは行けよ……」と我ながら苦笑いの深夜2時。歌のタイトル風にしてみたところで、しょうもなさはごまかしようもない。

しかしね、ここの住職、姿形は完璧で私が思い描く「マイ・フェイバリット坊主像」だったんだけど、座禅の後「懇親会」みたいなものが催されていたのでそれにも出てみたら、坊主なのに酒はもちろんタバコを吸っていたのでねえ。

それなら、昔タバコ吸ってたけど頑張ってやめた私の方が、

CHAPTER 3

座禅 Zazen

煩悩1コ少なくない？　少なくなくない？　と詰め寄りたくもなりますて。この件に関しては私の方が彼に説教できるわけで。

そもそも私は「坊主」に対して期待度が高い。なぜなら、小さい頃から家族ぐるみでおつきあいさせてもらっていたお坊さん（「おっさま」と呼んでいた）がとても素晴らしい人だったからだ。お金を要求することもなく、ひとりひとりのために祈り、不思議な力を発揮した出来事も多く、生涯独身。なにせ「修行の邪魔になる」と若い頃、性的機能を失くす手術を受けたそうだ。

もう亡くなってしまったのだけど、私の中では「お坊さん」といえばこの「おっさま」であるからして、「結婚している」と聞けば「あーそのくらいか」と思うし（今時結婚もしてないお坊さんは少ないけど）、「お酒大好き！」的発言をしていれば「好きなものをやめられてこそ人に〝心のありよう〟を説けるのではないのか」と考えてしまうし、タバコなんてあーた、「ちょっとそこ座れ。正座に決まっとるやろ！」と体育の先生ばりに竹の棒かつぎながら睨《にら》みをきかせたい気分なわけです。

「来るな」初めての修行拒否

話がそれました。

で、10年ぶりに私も座禅に行ってみようと思い、新たにお寺を探したのです。そして、某有名寺で「一泊座禅会」があるのを発見。歴史ある寺で座禅……素敵っぽい。修行者としてワンランクアップの予感にあふれつつ、そのお寺に電話してみると……。

「今までに座禅したことありますか？」とおじさんがいきなり厳しい口調で。「えーと、私はありますが、もう一人はないんで、す、けど……」

「女性二人連れなんですか？　困るんですよね。真剣に禅を学ぶ場ですから、友達同士でキャーキャー来るようなとこじゃないんですよ」

「いやキャーキャーはしないですけど……」

「やめた方がいいと思いますよ。うちはもんのすごく厳しいんです。泣いて帰る人もいるくらいですから。特に初めての人なんて絶対無理です」……ほんと、もんのすごく厳しそう。他ではいただいたことのない「来るな」攻撃ですから。「それに最初に面接がありますす。それでお断りする場合もありますからね」

敷居、メチャ高。しかし、本当にそんなに厳しいのか。ちょっとインターネットで検索してみた。すると、体験入門した人の感想が幾つかあった。「1週間」のコースに行った人は「終わった時、〝帰れる〟と思うと嬉しくて涙が出た」などと書いている。泣くほどか。

CHAPTER 3

座禅 Zazen

でも1週間だしね。いきなりそれは無謀でしょーなどと思いつつ、また読んでいくと、そこに驚くべき情報が。

「朝食に出る沢庵を食べる時、音を立てたら怒られる」

えええ――――っ！　沢庵って、沢庵って、あの黄色いやつだよね？　黄色くってさ、丸くってさ、ポリポリってさ……音……音も食感のうちじゃないか。

食感と修行は両立できないのか。私の人生の中で沢庵を無音で食べられた記憶はないんですけど。いやーこれは大変そうだ。できるのかしら。

しかし私の中では、むしろ「行かねば」という気持ちがさらに強まっていた。敷居と時給は高い方が燃える。なんて諺《ことわざ》はない。

しかし、とにかくこれくらい厳しい方が効果があるんではないか？　と思った。早速杏子ちゃんに提案してみる。

「沢庵を……音を立てずに？　そんな厳しいとこ自信ないよー」

彼女はちょっと天然っぽいというか、ポヤンとしたところがある。一生懸命やっているように見えるけど「ヘタレ」。いや「ヘタレ」っていうのは自分で言ってるんだけど、私が言うと私がひどい人のように聞こえて損なので「癒しヘタレ系」にします。「癒しヘタレ」は、しごきに耐えられるのだろうか。

でも私だって、厳しいところに行きたい気持ちはあるが、一人っていうのもなんだなー、と勝手に思っていたので必死だ。「大丈夫大丈夫！　1泊だし」こうして人が同じ言葉を2回繰り返す時は怪しい。

しかし杏子ちゃんは気づいてないようなので、しめしめともうひと押し。「本来の修行は厳しいもんなんだよ」私がしたことなくても。

杏子ちゃんはしばらく考えた後、言った。「わかった、そこ行くよ。でもその前に、日帰りで体験できるとこに行かせて！」

よっしゃ！　ほなどこ行きまひょーとまた調べて、比較的近い場所にお寺を見つけた。

名乗るほどの者ではございません

新しく見つけた座禅会は夜。最寄り駅で待ち合わせ、お寺へ向かった。住宅街をしばらく歩くと、コンクリート打ちっぱなしの柱に囲まれたお寺の屋根が見えた。どうやらものすごくモダンなお寺だ。本堂などは昔のまま残しつつ、周りの階段や庭を綺麗に造り替えてある。間接照明で木々も美しい影を揺らしている。思わず私はつぶやいた。

「檀家、一軒幾ら出したんだ……」

写経の章にも書いたが、お寺の改築には要注意！　好きなだけ出すならいいけれど、一律に一軒幾らなんて勝手に押しつけられてやしませんか？　そんな心配がまた胸をよぎるほどりっぱな、りっぱなというか今風の造りなのだった。見知らぬ檀家の方たちに勝手に同情しつつ、中へと入る。

内装も、寺というよりは画廊。壁は打ちっぱなしで、ところどころに木も使ってあって「建築家がやりましてん」という主張満載。「檀家よ……」とますます胸を痛めていると、名簿みたいなものに住所氏名を書くよう言われる。こういう体験に行くと、「まず名前を」

CHAPTER 3

座禅

Zazen

と言われることが実に多い。なんでだろう。宗教関係だから？　私、名乗るほどの者ではございませんのに。どこの誰とは知らないが、思い立ったらフラリと来て、コトが終われば去っていく。そんな大人の関係でいいではないか。

嘘を書いたって確かめられるわけでもないけど、嘘も本当も書きたくないのよ。私は誰かに自分の行動を把握されるのが嫌なゆえに、これ以上カード社会になって欲しくない人間。現金万歳。それはともかく、こういう時に「そんなん書くのイヤ」なんて言ったら「じゃあうちではちょっと……。申し訳ありませんねえ……」と、笑顔のまま出口まで優しく膝蹴《ひざげ》りされそうな気がして、いつも何事もないように「はい！」と言って書いてしまう。

私こそヘタレか。ううん、そんなことないよね。あたいヘタレじゃないよね。自己弁護に夢中になっていると、奥へ通される。奥も綺麗よ。

しばらくして、所作を教えてくれるおじさんがやってきて、座禅堂へ。座禅堂といっても一つの広い部屋なのだが、ここもれなく綺麗。木が多く使われていて旅館みたいである。ところで所作を教えてくれるおじさんは、少し変わった髪型だった。私はそれがちょっと気になって……。困るのです。

わがままですが言わせていただきますと、座禅の一つ一つの動作を覚えるのはすごく大変なのです。いっぱいいっぱいです。だから教える係の人は普通の姿形でいて欲しい。気を取られることが一つでも増えると、さらに大変なんです。よろしくお願いします。

座禅会(日帰り)
初めての方ですね?
では所作を教えますのでそれを守って行動してください
こちらです
髪型…
この頃残暑だったのだが
え…?
クーラーききすぎ!!
寒いよね

こんな状況での座禅に疑問もあるが…
荷物はここに入れてください
これどう見てもカギないよね
みんなを信用するしかないって感じ
ここに限らず荷物置場にカギがない場合が多い気になる人はせめてバッグにカギを…
座禅は動作一つ一つすべてにルールがある
まず座禅堂に入る時は
こうして右手を上にしてください
座禅堂
入口
荷物置場
仏像
謎
ここに座って禅を組む（壁に向かって）
遅れてきた場合はここ

ここを越える時は必ず左足からです
中では一列で音を立てずに歩きます
歩き出すのは右足から
気をつけることが山ほど
そして禅を組む席(単)へ
坐《ざ》蒲《ぶ》
この白い線が前です
かなりかわいい
そんなこと言ってる間もなく
回しながら形を整えて
ぎゅっ
ぎゅっ
合掌して礼
右に回って礼

座る時は
縁に
手もお尻も
かけず
坐蒲の上に
ぽっ
縁
う〜〜
レストランで
イスをひいてもらうより
気を使う
ぽすっ
ふぅ
意外と
高い
右回りで
壁側に
向く
くりっ
足の組み方は
結跏趺坐《けつかふざ》
(両方のせる)
半跏趺坐《はんかふざ》
(片方だけのせる)
どちらでもいい
手はおへその
下あたりで組む
(法界定印)

例によって
目は半眼
1m
くらい先
ゆーらゆーらと
揺れて段々と
真ん中だという
位置を決めます
そして
座禅が始まった
間接照明っぽく
結構明るい
まっ暗にする
お寺もある
しーーん…
…ので周りが
よく見える
キズ→
このキズは
どうやって
できたのかなぁ
誰か
暴れた…?
私も今暴れたら
大変なことに
なるのかな…
もうイヤだあ〜っ

えーと
雑念が湧いてきたら
すぐに流して
何も考えず…
しかし寒いなぁ
夏なら
汗をダラダラ
流してやるのも
修行の醍醐味では
ないのか
今「醍醐味」って
言った？ 自分…
レジャー気分だな
40分たつと
さっ
ゴォーン
私のやることを
マネしてください
と言われているので
さっ
さっ
ちょっと…

杏子ちゃん遅っ!!
はるかかなた
たぶんシビれている
歩く順番も決まっている
ほかの人みんな待ってるよ
杏子ちゃん以降団子状態で
しかし「受け入れる」というムードが漂っており怒られはしない
5分休憩です
私はトイレへ
寒いの
続いて2回めの座禅タイム今回はお手本のおじさんナシ
しかも先頭だった
えーと入る時は左足から
仏像の前で手を合わせて礼
単の前でも礼

なのに
いきなりもんでしまう
はっ
「合掌して
礼」してない!!
覚えるの大変
ぎゅっ
ぎゅっ
そして
座禅といえば
警策《きょうさく》
そう
喝!
ビシッ
うっ
というテレビで
よく見るアレ
禅を組む前は
アレ受けて
みようかしら…
なんでも
経験だしね
なんて思っていた
私だったが
突然
後ろの方で
ビシィィィーッ!!

何!? 今のが 警策!?
フッーもっと
ビシッ
って
軽やかかつ短いんじゃ なかったつけ…!?
坊さん… 本気だ!!
ゾワ〜
明るいので 影が見える
これが!!
警策は 「注意」として 打たれる 場合と
寝たり
グラー
自らお願いする 場合がある
お坊さんが 自分のところを通る タイミングを見計らって 合掌し 頭を下げる

自らお願いするなんて
とてもとても!!
バカをおっしゃいますな
フッ
それに
頭さげてんのに
見逃されたら
どーする?
他の人も
あまりやって
もらってないし
勇気は出ない
2回めの
40分とも
なりますと
うつら…
しかし!!
はっ
くる!!
アイツが
やってくる!!
でも
眠いんだから
打ってもらいたい
気も
しないでも…
ビシイイイー
いやあああっ
どこかで
誰かが!!
この繰り返しで
時間を終えたのだった

座禅を終えて

印象に残ったのはエアコンですごく寒かったことと、とにかく綺麗な座禅堂（開店したての和風居酒屋にも似ている）。私の好みで言えば、もっとボロくていい。どちらかと言えば汗を滝のように流しながら、それに耐えたい。

でもここの座禅会は夜に行われているので、会社帰りにも「ぷらっと座禅」ができて近所にあったら便利だと思う。作法通りにやらねばと少し緊張していたのだけど、間違えても怒られなかったのは助かった。初心者に優しいです。しかし私はどうも「やり過ごす」ということが最大目標になっているようだ。それこそが最大の間違いではないだろうか。「怒られなければいい」、目的はそんなことじゃないはずなのに。

こんな私でも変われる日は来るのであろうか。暗くなってきました。いや、こんな私だからこそ修行を続けなければならない。警策だって受けなきゃいけないんじゃないのか。わかりました。

こ、今度こそ……きっと。きっとお願いします！

Chapter 4

滝

Taki

なぜに人は滝に打たれるのか

滝に打たれる。……なぜ。どうして滝なんかに打たれるのか。と、問い返したいところだ。しかし、考えてみれば「修行」と言われるものはみんな「なんでまたそんなことを」というような行動が多い。

なぜ、あぐらを組んで何時間も目を閉じているのか。なぜ昼夜ぶっ続けで山の中を歩くのか。なぜ何日もご飯を食べないのか。お母さんに怒られるぞ。インドなんて修行の本場として「左手を一生上げ続ける」とか「転がりながら国中を回る」とか、凡人の私からすると「それ……意味あるんすか？」としか言いようのない人々がわんさかいると聞く。

ま、それに比べればね、滝なんてハムスターの黒目くらいのかわいさに思えるんですけど。でもねえ。「打たれたいか？」と聞かれれば、「うーん、微妙……」って感じ。私コンタクトだし。関係ないのかな。それにもう秋だったし。結構寒かったのです。

でも友達の杏子ちゃんが「行ってみようよー」と言うので、ついつい「いいよ」と返事してしまったのだ。私も「へなち

Chapter 4

滝

Taki

ょこ」ではあるが「修行者」の端くれ、の、端くれあたり。滝があると気づいたならば、一度も打たれないわけにはいくまい。

さあ腹をくくったその日から、祈ることはただ一つ。「異常気象」。どうか滝に打たれる日が「天気予報史上初めての、秋の最高気温」になりますように。あー、どうも腹はきちんとくくれてなかった。いや、一回くくったけどヒモがほどけたっていうか。んー違うなー、腹だと思ったが尻だった……っていうかそんなことはどうでもいいですよね。

とにかく「これ以上無理っすよぉ、一応秋ですからー」と、「秋」というものに言わしめるくらい暖かい日になりますようにと、もう呪うような気持ちで過ごしていたのです。というのも私は寒いのが死ぬほど苦手。この世の中で一番嫌いなものはシベリア寒気団なんですから。

なんで杏子ちゃんは夏に思いついてくれなかったのか。と、杏子ちゃんのことも呪いかけたのだが、へなちょこ修行仲間の彼女は「私はすごくヘタレだけど、でも頑張りたいんだよね。でもできるかなあ、無理かも」と意気込んでいるのかいないのかよくわからない決意を語ってくれたので、一緒に頑張ってみようと私も思った。つられ決意。まあきっかけがないとできないような経験だし。それにしても滝に打たれたら、何かさっぱりするのかなあ。体じゃなくて心が。どうなるのかという期待感で気持ちも持ち直しつつ、しかし「祈り呪い」しつつ、その日を待ったのだった。

神様が与えた試練

そして当日。真夏日になるわけはなかったが、一応晴れの予報が出ており、気温も20度は軽く超えるらしい。しかし油断は大敵。私は昔、山の上にある大学に通っていた。その頃住んでいた国立《くにたち》を出る時と、八王子の山上で感じる温度は明らかに「うわっ寒」とわかるような差があったのだ。骨身にしみた。今回も、滝に打たれるということは山の中なのである。いったいどのくらい冷えているのか……怯《おび》えながら、またまた早起き。

家を出る前から修行。望むところでございます。それに「今日は修行に行く」と思うと、結構朝から神妙な気持ちになって「虫がいたって殺生しない」とか「トニーに〝ばか〟って言わない」とか「足でドアを閉めない」とか、えーとこの辺は普段からやっちゃ駄目ですね。

とにかく普段より少々「ちゃんとした感じの人」になって、出かけます。

それなのに。それなのに、駅であんなしょーもない出来事が待っていたとは……。

最寄り駅に着いたのは朝8時。休みの日なので、あまり人は多くない。(みんな寝てるっつーのに、こんな早くから私は……)と大きくわき上がってくる恐ろしい邪念を払い、目的地までの運賃を調べようと券売機の上にある路線図を見上げた、その時。

前方で「おはよう」という声が聞こえました。「ん？　私に言った？」と思って視線を下にずらすと、そこに立っていたのは華奢《きゃしゃ》な感じの白人男性。目が合ったので「おはよう」と言ったら、「どこまで行くの？」と言うので「すーっごい遠くまでだよ――」と私

CHAPTER 4

滝

Taki

は低い声で答えた。「そうか、大変だねえ」と同情する様子の彼。いえいえ自分、修行っすから。とは言わなかったが、なんとなく一緒に歩く感じになっている。

自動改札機を入った頃、彼は「ねえ新宿と渋谷、どっちが人いると思う?」と聞いてきた。

「え? どっちがって……そりゃどっちもいるんじゃないの?」と質問がよくわからないまま私は言った。

彼「今の時間だよ?」。私「んー、朝8時だからねえ……どうだろう。なんで?」。

「ナンパ」「ナ、ナンパか……」がくっ。そこへさらに彼が切なくつぶやく。

「セックスしたい……」おいお――――い!! わしゃあなあ、わしゃあなあ、これから滝に打たれに行くんじゃ!! 神聖な場所に精神を鍛えに行くんだよー! そんな人間の前でなんちゅう俗なことを……。しかもなんだその被害者みたいな態度は。ヒザくだけたわ。

「今遅番が終わったから、遊びたいんだよねえ」ああ、そうですか。

「でも朝8時じゃ、終電に乗り遅れた子も帰っちゃってるでしょ……」と力なく言ってみる。「大丈夫、あなたがいる! やろう!」「何言ってんの。私はこれから遠くへ行くんだってば。いや暇だったとしてもしないけど」「わかってる。冗談だ、ははは。あなたは遠くへ行く。大変だ」こいつ聞いてねえ。だから重ねて言ってやった。「ナンパもいいけどさ、早くトゥルー・ラブ見つかるといいね。そしたらナンパなんてしたくなくなるから」

「んー、まあそのうちねえ」と奴は生《なま》返事をしていたのだが、そのうち自分の名前や出身国を語りだし、その国の料理を出すおいしいレストランを挙げて「もともと高くないし、僕の名前出せば、もっと安くしてくれるから」と教えてくれた。いい奴なのか、なんなんだ。

そして一緒に乗りこんだ電車の中でも「新宿……渋谷……どっち？　失敗したくない……」と最後まで悩んでいたが、結局渋谷に決定したらしく、「じゃあね！　僕の名前、忘れないでー」と元気に降りていった。賭けには勝ったのだろうか、ハサン。心配はしていないぞ。でも体には気をつけるんだぞ（慈悲の心）。

前途多難の滝修行

「あの男はもしや神様が与えた試練……？」と自分の身に降り掛かった出来事を第二胃袋の辺りで反芻《はんすう》しながら、目的の駅に到着。杏子ちゃんはまだ来てないようだ。何時間も電車に乗っている間にお日様はぐぐっと高く昇って、かなりの行楽日和《びより》になっていた。改札を出ると、ハイカーが山盛りになって待ち合わせをしている。

駅前成分は、中年男女55％、家族連れ30％、カップル12％、キロロ2％。今回は100％に足りてないが、それがどうかしましたか。細かいことにこだわっていては悟りは開けない

Chapter 4

滝
Taki

のですよ！　あ、なんかお葬式のチームがいた。1%《いっぱー》、1%。

ホッとしたところで、駅前を歩いてみる。「焼き団子1本300円」って。高。

まさに観光地。団子の原価率を考えながらブラブラしていると、杏子ちゃんが到着。早速、滝へ向かった。そして速攻で、道に迷った。「たぶん、こっちだと思う……」と細い道に入ったらもう急激にそこは山で、斜面をもりもり登らなければならなかった。

「思っていた以上に、登山、だね……さすが、滝だよ……ハアハア」すぐに息切れしつつだいぶ登った頃、杏子ちゃんがいきなり電話をかけ始めた。

「あのー、山登ってるんですけど、ええ、道は土ですけど……」とか言っている。なんじゃその問答。まさか。

「えぇーっ違うんですか!?」言いながら杏子ちゃんがこっちを振り返った。杏子よ。かーなーりー、登ったよ。あたい登った。ゆうべあんまり寝てないのに。

「ごめーん」まあ仕方ない。狭い道なので、下から下から登ってくるハイカーたちとすれ違うのも大変。「すいません、すいません」と謝りつつ、なんとか下りてきた。

「こっちだったんだね……」アスファルトの道をまた歩き始める。今度は緩やかだけど、だんだん道の端が崖《がけ》みたいになってきた。崖の下には川が流れている。この上流に滝があるのだな。しばらく歩くと、神社みたいな空間が出現した。

「ここだね」

鳥居を入っていくと小さなお堂や門があり、その周辺で見学らしい人々がたまっている。

その向こうに、もう白い上着に着替えた男女がひとかたまりに立っていた。

「ああ、もう始まりそうだよー」急いで受付へ向かう。奥の小屋から上着を選んで着替えるように言われる。小屋の中にはズラーッと天井から道着が干されていた。黒ずんでいるものも多いので、二人とも少しでも綺麗で、かつ乾いているものを急ぎつつ真剣に吟味。上着とともに、ヒモも忘れてはいけない。素材は違うが、ほぼ柔道着と同じ作りなので腰のところをしばらないと着られないのだ。

杏子ちゃんは忘れてまた小屋に走っていた。お気をつけください。

滝行

さて急いで着替えて外へ…
寒いね
ホントー
↑むすんだ
←生足
もう説明が始まっている
参加者は意外にも若い人が多い
いいですかー
20人くらい
あとすぐそばに観光客や参加者の友人がびっしりいるのでちょっと恥ずかしい
ではまずお堂に入ってください
今日は参加者が多く
ゾロゾロ

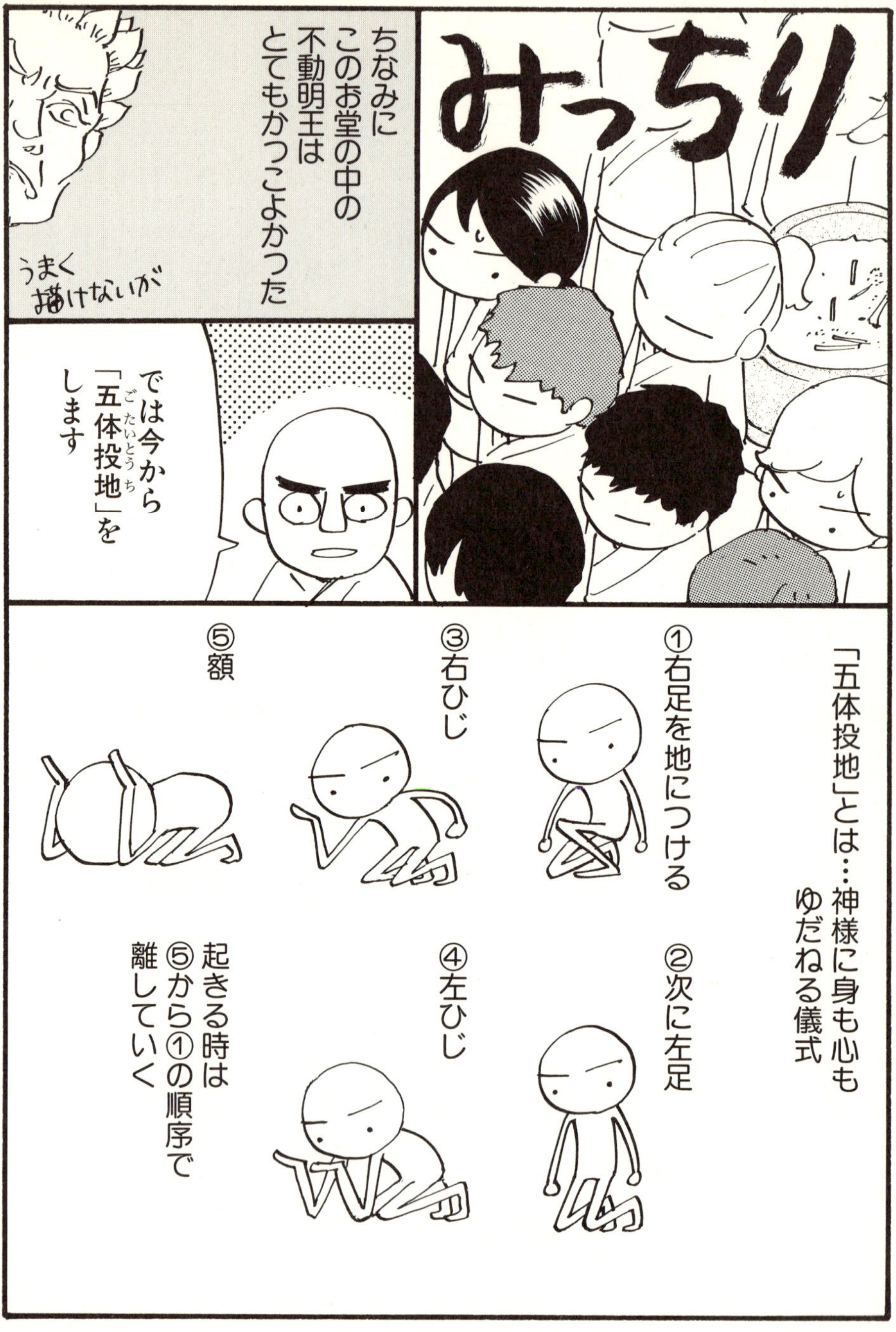

みっちり
ちなみに このお堂の中の 不動明王は とてもかっこよかった
うまく 描けないが
では今から「五体投地《ごたいとうち》」を します
「五体投地」とは…神様に身も心も ゆだねる儀式
①右足を地につける
②次に左足
③右ひじ
④左ひじ
⑤額
起きる時は ⑤から①の順序で 離していく

これをお坊さんの唱える真言に合わせて繰り返すのだが何せスペースがなく
お供え
ガチャッ
ドン
ゴン
さらに猛スピードでやらないと追いつかない
足やひじを床につける音とぶつかる音で大騒音
ドン
ゴン
ゴン
ガチャッ
全員あせっている
しかしその後お経を聞きつつ手を合わせていると
かんじー ざいぼーさー ぎょー
す…すみません!! 不動明王様の前に座れるようなキレイな私ではございません
ああ悪いこといっぱいしてますすみません
原稿がもうできているのにすぐ送らなかったり
小さな子どもを見て「こんなかわいいのに将来グレるなんてね」と言ったり
「感動巨編」の映画を見て毒づいたり
すみません
ホント ダメ人間です
うう……
はい では外に出てください

はっ
ま…
真人間に
なるとこだった…
えっ!!
何で「真人間」に
なっちゃいけないと
思ってるんだ私!?
こんな修行の場に
自ら来ているのに…
しかし
「とっても心のキレイな人」に
なってしまったら
どうやって漫画を
描いたらいいんだ
う〜〜〜ん
やっぱり
この問題に
ぶちあたっている私
でも
とにかく!!
いくとこまで
いってみよう!!
と決意
したのだった
外に出ると
まず掃除
ザッ
ザパー

そしていよいよ滝へ!!
いいですかー やり方を 教えますので
きちんと 守って ください
まず印のきり方 手をこうして 組んでください
ええっ
どう?
こう やるの?
ちがう こう こう!
みんな必死!
それから 滝に入る時は 「南無大師《なむだいし》 不動明王《ふどうみょうおう》」と 唱え続けること
そして ここにある 柱を越える時は 7回 これを唱えて
次々に 繰り出される指令
手がこうで 出入りの時は…
寒さと緊張も あいまって 早くもわけが わからなく なりつつある私

じゃあ今日は男性から何人かずつ滝つぼの方へ入ってもらいます
自分の順番が次の次くらいになったらここの水を頭からかぶってください
掃除にも使っていたがかなり冷たい
ザッパーーッ
つめてー～
うおー
ザパーッ
どう考えても早過ぎるのに水をかぶる者続出
不安にながめる女子チーム
滝は広場から見えないのでよく状況がわからない
さびーっ
寒い…なんで私こんなとこ来ちゃったんだろ
かえりたい!!
がんばろうよ杏子ちゃん!

おんにゃら
おんにゃらお〜〜っ
おおっ
（みたいな）
ザリ
ザリ
始まった!!
おんにゃ〜
何人かが
のぞいてみるが
見えました？
見えない
見えない
そうこうするうち
一組めが生還
二人が
一緒にうたれる
うお〜
寒そ〜っ
ぴた
ぴた
ぴた
ぴた
冷たいの!?
冷たいの!?
次々に
ぴたぴたする
男たち
高まる
杏子ちゃんの
不安

男たちの次に
常連らしい
おばさんたち
おばさんが
出てきてみると…
スケスケー!!
びたびた
すごく
スケてる
よね!?
杏子ちゃんの
不安爆発
ずっとこんな顔
でも多分
素材が違うから
おばさんたちのは
真白でペラペラの
ポリエステルっぽいもの
たぶんよく使うので
乾きやすいものに
しているのではと、
私たちのは綿
ホントに!!
ホントに!!
見学者も
いるので
気になるのだ
うんうん
さていよいよ女子の番に!!
もう
待ってるより
やった方がいい!!
早速いくよ

ザパーッ
大丈夫!?
大丈夫
並んでくるね
はっ
この先に
行くときは
お参りするん
だった!!
7回
7回
滝つぼゾーンまで
入ってみると
ドドドドドド
すごい音
↑岩の上で待つ

さっぶー!!
待っている時点で滝のしずくがようしゃない
足だけつかってこの冷たさ!!
足死ぬ!!
じゃあ二人ずつ入ってください
じゃぽ…
うわーっ
うわーっ
冷た～～っ
ヨロ…
この滝は軽く腰かけられるようになっているのだが
滝
岩
がぼっ
あっそこ深くなってるから気をつけて
遅い…

ドドドドドド
そもそも
立つなんて
絶対ムリ!!
何だつけ
何だつけ
印をきらねば
思考ゼロ力
なむだいし
ふどうみょうおう
ドド
耳も
きっとギョーザ状
おんにゃらららおん
腰までずっとつかっている
お坊さんはすごい
私たちのかわりに
真言を唱えて
くれている
私は水量が
少ない側
だったが
ドドドドド
後できくと
だいぶナナメに
なってたらしい
こっちの方が
もー死ぬ…
なむだいし…
ふるえが…
ガタ
ガタ
ガタ

はい
出てください
ドドドド
ヨロ…
あ…
歩けない
ドドドド
体が
ガチガチに
かたまっていた
がぼっ
ぐっ
また穴に
そこ深く
なってるから!!
私の様子を見て
不安そうな
みんな
大丈夫!?
さむい…
さむ…!!
もはや瀕死
↑透けなかったのが
せめてもの救い…

やっとの思いで
更衣室へ
ガタ…
わーっ
来た来た!!
女の子
来たよ!
わーっ
ちょうどパンツを替えていたらしい
この更衣室
男女同じで
「ついたて」が
あるのみ
しかも遅く来た
私たちは
案内してくれた人の
勘違いで荷物を
男子側に
置いていたのだ!!
す…すいません
荷物とって
いただけますか?
その奥の2段め…
これっすか
うう…
寒すぎて
髪の毛も
うまくふけない
あーなんか
入っちゃったら
大丈夫だった
すっきりした!
マジで!?

きゃー
ぴた
ぴた
帰ってくる人たちも
みんな元気
杏子ちゃん
までが
すごく
よかったー
↓我
ホ…
ホント!?
うん!
やるまでは
イヤだったのに…
ぴしょぬれ天使
入ったら
大丈夫だったぁ!
「私でも
やり遂げられた」
ってなんか
すごい充実感!!
よ…
よかったね
その後
事務所に
戻ると
きゃー
はい
うどん
どうぞー
常連のおばさん
すごく
手作り風の
煮込みうどん

おいしーっ!!
でも やっぱり 寒気が!!
ゾクゾク
終わった後の寒さは髪の毛の長さも関係あるかも知れません
けっこう長かった
しかし不思議なものです
男らしく頑張った私がヘタレて…
私もっとやりたーい 滝好き!!
もう一回行こーよー
やはり寒いのが何より苦手な私には無謀な季節だった…
結論「秋の滝には向き不向きあり」
夏にもう一度チャレンジしたい!!

滝行を終えて

とにかく寒かった。

帰る途中で姉夫婦の家へ新築祝いに初めて行ったのだが、いきなりお風呂を借りる始末。しかし骨の髄からくる寒気が、それから二日ほどとれなかった。

でも杏子ちゃんは平気だったらしいし、ほかの参加者もあの場で大丈夫そうだったのに、私は人並みはずれて寒さに弱いのだろうか。

夏に滝行をやるのはズルいようにも思うけど、しかし水圧を受け止めるだけでも大変。落下する力を侮ってはいけない。小さな滝だと思っても、きっと恐ろしく「重く激しい」です。

打たれている最中は深く物事が考えられないのだが、とにかく「早く終わって！」と祈るのと、折れ曲がろうとする体をまっすぐ保たなければという意識が激しく交互に入れ替わっていた。

何かを「やった」とはっきりわかるので充実感はあります。

煩悩や汚い物が水と一緒に流されたか……は謎。

Chapter 5

断食

Danjiki

修行って、M的状況？

だんだんだん、断食道場。

そんな音を立ててやってきそうな道場だ。

「断食」……なんとなく崇高《すうこう》そうな行為。だって人間は食べたい生き物だもの。人間だもの。いや私、行ってみたいなあと思ってはいたのです。前に知り合いが行ったことがあり、その感想が「最後の方は〝気〟みたいなものを感じてた。見えないのに、廊下の向こうから人がこっちに来るのとかわかるの。音がする前に」という感じだったから。

うーん、すごい。だけど、その経験をするまでに何日メシを抜かなければいけないのか。それを考えると宇宙空間に放り出されるような孤独を感じてしまう。

今、私のご飯状況は「一日二食」。朝方寝て、お昼近くに起きるので「昼食」と「夕食」しか食べない。間食をそれほどする方でもないし、スナック菓子やケーキもそれほど好きではない（ストレスがたまると食べるけど）。あまり動かないうえに胃下垂なので、食べる量は普通か、ちょっと少ないくらいだと思う。でも食べること自体は好き。なので一食も

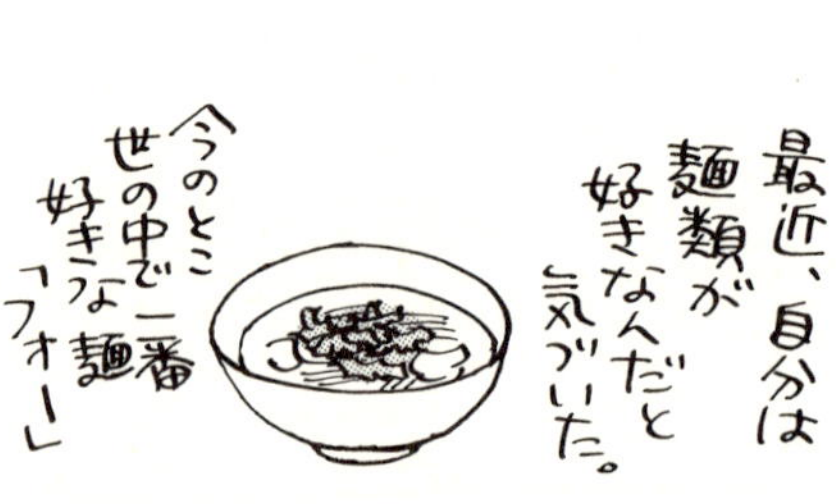
最近、自分は麺類が好きなんだと気づいた。
今のとこ世の中で一番好きな麺「フォー」

抜きたくない。

と、く、に「夕食」。朝方まで起きているせいもあるけど、夕食食べないとやっぱりお腹すくもん。お腹すいて寝られないことだってあるくらい。でも「断食道場」だと、それが「朝」も「昼」も「夕」も延々続くわけで。いや〜できるのか。っていうかね、行きたくないんですぶっちゃけ。

しかし！　ここでまた、杏子ちゃんが。

「行ってみようよ」きたか……。そうだね、「なんちゃって」といえども修行者。食べない道場があると聞いたならば、行かにゃあならん。行って、我慢せにゃあならん。

「わかった……じゃあ探してみてよ」

ということで、杏子ちゃんが幾つか探してくれたのだが……世にある断食道場の多くは「ダイエット目的」なんですね。あるいは単に「健康のため」。

ホテルのようなとこに泊まって、一日2、3回、野菜ジュースみたいなのだけ飲んで、余暇はゴルフやエステする、みたいな。素晴らしいご計画ですのう。

しかし、私たちは修行者。そんなゴージャスな姉妹のようなことはできません。寺です。イメージは寺。余暇なぞ座禅だーっ、喝！　そんなM的状況を求めているのです。

はっ、修行はM？　いや、そんなこと私言ってないです。神様ごめんなさい。さっき杏子ちゃんがそんなようなこと言ってたんで、つい。あっ、でも杏子ちゃんをせめないでください。かわりに私が……、としばらく夢芝居をしていましたが、その間にいいとこが見つかりました。1泊2日では短すぎ、5日行く勇気はない。そんな優柔不断な者にぴったりな、2泊3日コースでございます。

といっても3日めは朝解散なんで、実質2日ってところでしょうか……ヘタレております。それでも、食べることが好きな女二人。大きな不安を抱えつつ、我々は遠くのお寺まで出かけたのであった……。

摩訶不思議な健康診断

実はこの道場、断食をやる前には医師の診断を受けなければいけない。朝10時半、お寺の近くの病院を指定されたので、まずはそこへ向かう。

その道すがら、杏子ちゃんは「実は私、朝ご飯食べてなくて、おにぎり買ってきたの」とおにぎりを取り出した。「えっ、それじゃあ今朝から断食になっちゃうね。早く食べておきなよ。私しっかり食べてきたよー」

「ほんとー？」

そう言いながら食べるのだが、杏子ちゃんは食べるのが早くないうえ、地図を見たり人に道を聞いたりしているので、なかなか口に入っていかない。おにぎりが半分終わったくらいのところで、病院に着いてしまった。

CHAPTER 5

断食

Danjiki

「とりあえず、しまっとく。後で食べられるかも知れないし」早速中へ入る。ここの病院はいつも道場への入門者を診断しているらしく、「断食です」と言えばベリースムースに上に通されます。そしてまず最初に看護婦さんがにっこりと一言。「尿検査しますので、これにとってきてくださいね」

ええ――――っ。さっきワタクシ、駅でトイレに行ってしまいました。こんな展開があろうとは。言ってよ~そんなすごく切羽つまってるわけじゃなかったのに~……といってもまさに後の祭り。杏子ちゃんが心配そうに私を見ている。「いや、頑張ってみるよ」と答えるオレ。果たして。大丈夫でした。検査分くらいは。よかった……。

無事に大事なものを提出し終え、廊下のベンチで問診を待っていると、若い女の子がコンビニの袋を提げてやってきて私たちの隣に座った。どうやら彼女も入門者らしい。常連？　「しかし何人くらいやってるんだろうねえ……」と杏子ちゃんと話し合う。普通はコースとして日数が決まっているのだが、ここの道場は自分で自由に日数を決められるのだそうだ。1カ月いる人はそういないだろうけど。

私たちの問診が始まった。簡単な問診票に答えを書き、一人ずつ先生に診《み》てもらう。杏子ちゃんが先に受けたのだが、声が丸聞こえ。しかもそれは、「うちは神奈川ですか……どういう路線で来たの？」

「えーっと、JRで……横浜に出て、それから……」って、なんで来たルートを聞きたいのか。しかしほかには何事もなく彼女が終わり、私の番。かなりおじいちゃんの先生である。先生は問診票の住所を見て「ふうん、今ここに住んでるの。その前はどこに住んでたの？」「えーと、自由が丘です」「ああ東急線のね」って、なぜそんなことを聞く？　京王線だったら体調違いましたか。

その後ベッドに仰向《あおむ》けに寝て、お腹の辺りを押さえられつつ「便秘ではないですか？」と聞かれ「いいえ！」と元気よく返事して終了。

私は生まれてこのかた、便秘になったことがないのだ。という便通自慢はやめにして、尿検査の結果も大丈夫だったので、「不思議な医者だったねえー」などと言いつつ診断結果を持って病院の玄関を出る。「でも、さっきの女の子が持ってた袋の中に、タバコあったよ」と杏子ちゃん。

空腹にタバコ……猛烈に体に悪そうだ。大丈夫なのか。それでやせる計画なのか。きっと違う。外に出てみると、すごくいい天気だった。しばらく行くと土産物屋が立ち並ぶ参道になっている。その坂道を、ＪＲでやってきた私たちは歩いていった。「どうなるんだろう……」不安がどんどん大きくなってゆく。

杏子ちゃんは、おにぎりのことをすっかり忘れていた。

仕切りがカーテン！
先生「プライバシー」という概念をご存じですか

断食道場
私たちの行つた道場は
りつぱなお寺の一角
カラ…
すいませーん
はい
おはようございます断食の方ですか？
はい
まず申し込み用紙を書く
そして諸注意の書かれた紙などを渡され
では部屋の方に案内しますね

別の建物に移動する
男子用
道場や
写経場
など
事務所
女子用
道場
私たちが最初にいたところ
ここが女性の道場です
ガラッ
ぱっ
あー
すいませーん
…でさー
私
言ったん
だよねー
びっくり
した…

トントン
部屋は2階の…
ここです
ではー
3時5分前に
さっきの部屋へ
戻ってきてください
ここの説明などありますので
あっじゃあ
それまでは
何か
食べても
いいんですか!?

ダメです
もう断食は
始まってますので…
杏子ちゃん朝食完食失敗
はい
あのー水は…
ペリエみたいな
炭酸水は
どうなん
でしょう？
んーやめておいた方が
いいのではないでしょうか
胃に負担が
かかるのでは?
炭酸で満腹作戦失敗
はい…
とにかく
断食開始
午前11時半
境内を散歩
まだまだ
時間
あるね
じゃあ水でも
買いに行く？
3時以降は
お寺の外には
出られないって
言ってたもんねー
かなり歩いて
スーパー発見
スーパー
スーパー

一人あたり
2ℓペットボトル2本と
冷えた500㎖ボトル購入
しかし
水しか買えない
買い出しって
つまらん…
そして
ごめんなさい
ううう…
泣きながら
食べかけのおにぎりを
捨てる杏子ちゃん
ドサ
あー
重かった!!
雑誌も
購入
ふう…
まだ
1時すぎ…
水道水を飲んでも
よいので
水くみ用
やかん
本でも
読もう
さむい…
この部屋
さむい…

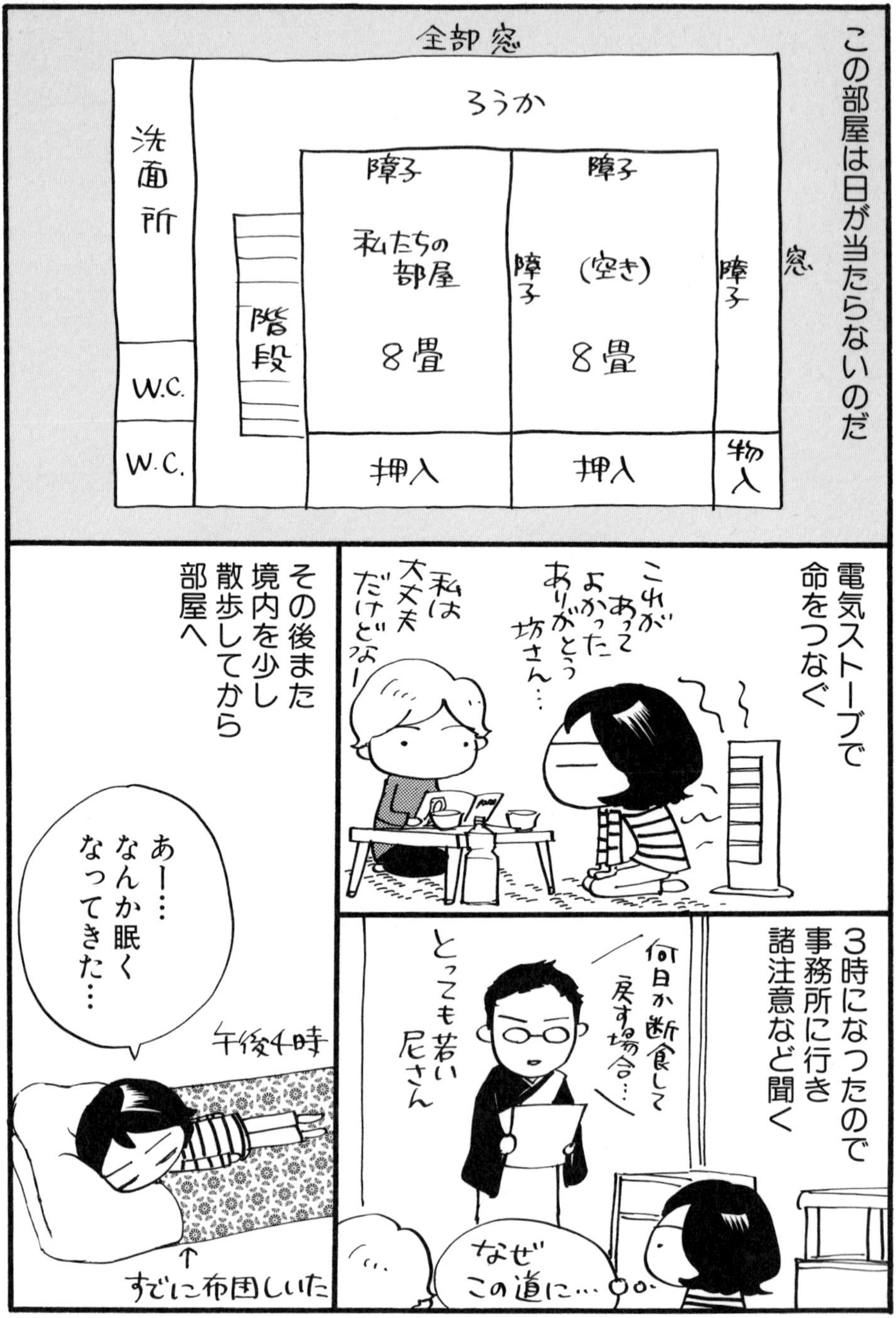
この部屋は日が当たらないのだ
全部窓
ろうか
洗面所
W.C.
W.C.
階段
障子
私たちの部屋
8畳
障子
障子
(空き)
8畳
障子
窓
押入
押入
物入
電気ストーブで命をつなぐ
これがあってよかったありがとう坊さん…
私は大丈夫だけどなー
3時になったので事務所に行き諸注意など聞く
何日か断食して戻す場合…
とっても若い尼さん
なぜこの道に…
…
その後また境内を少し散歩してから部屋へ
あー…なんか眠くなってきた…
午後4時
すでに布団しいた

二人とも寝る
掛布団(たたんだまま)
毛布
5時仕事の電話で起きる
はい…
しかしこの時気づく
あっケータイの充電器忘れた!!
ノゥ!!
神よ
メールはかなり心の支えなのに
こうしてメールできるのも明日までかなー…
くすん
夜になってきてお腹の減りを感じ始める
食べ物のページ…目の毒だね
その結果
仕方ない水飲もう

トイレに
通いづめ
あ〜〜〜
何もする気
おきないねー
うん
トイレは和式で
新しくはないけど
きちんと掃除されている
さすが寺
午後8時15分
障子の向こうから
全員
揃ってますか?
玄関閉めますよ
はーい
寝たまま…
廊下の窓から
境内をのぞくと
ものすごい深夜風
ざわわ
ざわわ
ざわわ…

仕事でもしてみるかなぁ
5分後
ダメ…
なんか集中力が…
わかるー何もできない…
思ったよりお腹はすかないけど
↑布団ちゃんと敷き直した
お腹は大丈夫だね
家じゃないってこともあるだろうけど
午後10時消灯
明日の朝は6時から「お勤め」出なきゃいけないからね
大人しく寝よう
おやすみー
そのまま就寝
翌朝5時50分
眠い…
本堂へ行こうとすると
すみません…

本堂ってどこですか？私昨日から来たんですけどわからなくて…
あー
私たちも行くから一緒に行きましょう
すみません
同室の人たちは？いますよね？
みんな寝てます
寝てんだ
ポカリスエットのボトルもゴミ箱に入ってたし…
テキトーなのかなァ
監視がない分「自分次第」ってことじゃないの？
そして本堂へこの日は小雨で
お坊さんが和傘をさして一列に歩く姿がとても幻想的だった

来てよかった…
じーん
美しい!!
すごい!!
…単純
6時「お勤め」開始
おんにゃらららら
ゴォ~ン
ドーン
ドーン
おんにゃらららら
チリーン
チリーン
何百年も続いているらしい
タイミングバッチリで流れるようにどんどん進んでいく
ショーみたい…!!
面白かったねー
ホントホント
しかし部屋に戻ると
もーダメ…
二度寝
起きれば水を飲みまくるが
スルスル入って刺激も何もない

部屋がずっと
薄暗いのも
気が滅入るので
昼間も
電気つけないと
雑誌が読めない
午後3時
ひとりで
境内を散歩
おみやげ
七味とお香を買う
ラベンダー
トボトボ…
なんか…
しんどい…
バタ…
散歩
なんて
するもん
じゃねえ
杏子ちゃん
爆睡中
午後6時
あっと
いう間か
と思ったけど
今日が
長いね
↑もう読むとこない
読むとこは
ない!!
ごはん食べないって
メリハリないよね
これ一週間やってる人
って…そりゃ朝の
「お勤め」行けないわ

午後8時
私
体が
拭きたい
お風呂
入れないなら
ああ
「水行場」でできる
って言ってたよね
行こう
すごい!!
井戸で
くむんだよ
ぐいっ
冷たっ
重っ
ピチャ
ありがとう
はい
杏子
ちゃん
行水用たらい
パシャッ
冷たっ

ぎゅっ
ごしっ
冷たいから もう いいや…
2秒でザセツ
え〜〜〜
ワシくんだのに!!
9時 断食明けの最初の食事について語りあう
あの…滝行の時 出してもらったような 手作りうどんが 食べたいなー
いいねー でも私 おもちが いいなー
とうとう布団 敷きっぱなし
ほんと 食べたい…
ぐすん
もっと何か 気のまぎれるもの 持ってくればよかった
パソコンとか…

仕方ないので水を飲もう
でもほかの断食って合間に「ゴルフ」とかできるようになってるけどムリだよねーこんな体じゃ…
でもそういうとこは野菜ジュースみたいなの飲むんでしょ？
全然違うのかもよ
幻覚
の…
のみたい
結局
今日寝て起きたらお粥だよね
起きたらお粥だよ
10時泣きながら就寝
起きたらお粥だよね…
起きたらお粥だよ…
でも眠れない
まだ1時…
かろうじてまだ生きてた
まだ3時…
うぅ

午前5時
むくっ
5時だ!!
5時!!
目覚まし不要
朝(お粥)だね!!
朝(お粥)だよ!!
行こう すぐ行こう
お・か・ゆ! お・か・ゆ!
いやー私寝れなかった杏子ちゃん寝れた?
ふぁー
うん!!
意外と!!
行ってみると
先客2名
おばさん
若い女子
ワクワクして待つ

どうぞー
出てきたのはお粥ではなく米粒舞い踊るおも湯
しかし
あったかーい
それだけで感激
まっくろ…
これ何ですか？
焼味噌です
塩っ気が!!
ねー
おいしい!!
焼味噌大人気
みんな2杯くらい食べたところで
まだありますよ
いえいえもう
満足

ごちそう様でしたー
ガラ
そして「お勤め」へ
おばさんは部屋へ帰った
何日やってたんですか?
一週間です
すごい!断食何回めで?
初めてです
えーーー
つ…辛くなかった!?
うーん 2日めが辛かったかなー
でもそれを過ぎたら大丈夫でしたよ
こともなげ
毎日何してたんですか?
境内散歩したりとか…
絶対ムリ!!

ドーン
ドンドン
ゴォ〜ン
そして「お勤め」の最中 私に異変が!!
断食の男子と見受けられる者たち
なんか気持ち悪い… 横になりたい 辛い…
私… ちょっとしんどいから 部屋戻るね
大丈夫？
バタッ
き… 気持ち悪い…
めまいが…っ
そういえば杏子ちゃんが
断食って 戻る時が大変で 急に食べて 死ぬ人もいるんだってね
こわいねー

死……
死ぬのかなあ……
ただいまー
大丈夫？
んー
もう少し
横に
ならせて…
杏子ちゃんは
全然平気
なの？
うん!!
食べたら
すごーく
元気に
なっちゃった!!
人それぞれ
その後
もちなおし
7時半頃
お寺を出る
あー
終わった…
よかった
しかし本当に
何もできなかったね
かなり
辛かったねー

杏子ちゃんと駅で別れ
ホームで果汁100%の缶ジュースを買った
いつもより味を濃く感じたりするのかな?
ワクワク
ゴクッ
いや全然。
むしろわからん
缶だったから……
その後家につき近所のおそば屋で念願のうどんを食べる
生きててよかった
お…おいしい…
しかし本当に辛かったので
なんで断食なんてしたんだろ
と思っていたが
意味あったのかしら
午後に
おう!
宿便らしきものが出たので
トイレ
杏子ちゃんも出たらしい
いいぞ断食!!
になったのだった
ちょっと趣旨が違ってきている

修行先での布団問題

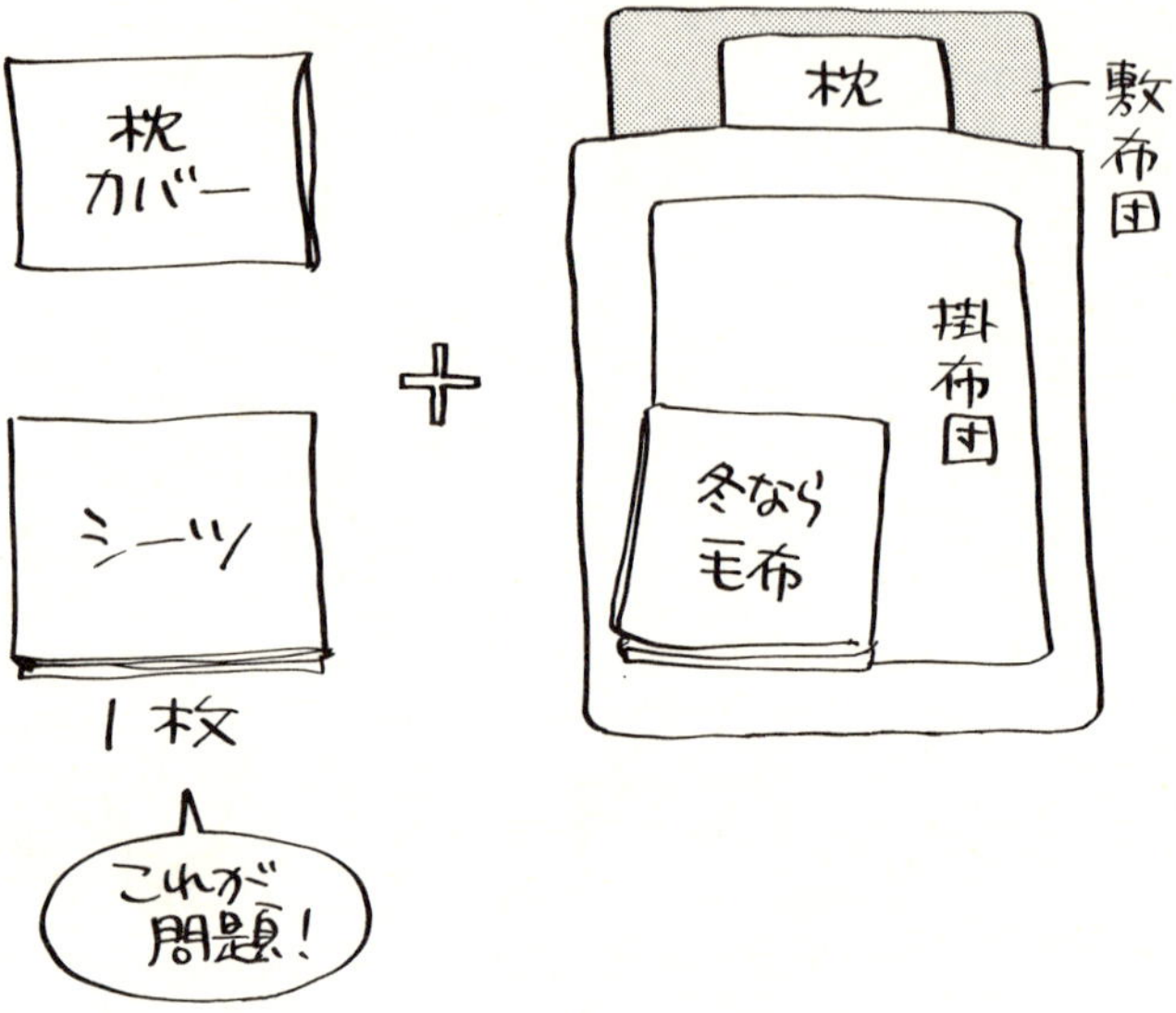
枕カバー
シーツ
1枚
+
枕
敷布団
掛布団
冬なら毛布
これが問題!

シーツを敷布団に敷いてしまうと
掛布団の縁が直接顔にあたってしまう!!

＊私の解決策＊

断食を終えて

かなり辛かった。

なんで辛かったのかと考えてみると、一番は「部屋が薄暗い」ということのような気がする。

まったくやる気をなくしてしまう。起き上がるのも大変だったが、そもそも「起き上がろう」という気にもならない。

それから「メリハリがない」。

ご飯を食べること、お茶を飲むことは「刺激」だったんだなあと実感した。

わざわざ寝にいっただけのような気がする。大丈夫か。

しかしやっぱり「食べない」という経験は良い。宿便が出ただけではなく……「食べ物」の重さが体でわかるような感じ。「肉」って重すぎなのね、絶対。

「肉」だけでなく、全般食べ過ぎなんだと実感しました。

CHAPTER 6

座禅

Zazen

part 2

断食の成果、ここに現る

さて、とうとうやってきました、厳しい厳しい座禅会。

週末にある座禅会は夕方5時スタート、翌朝10時くらいに解散とのこと。

この会、なんと予約はいらなくて行きたいと思った時に直接行けば参加できるという素晴らしいシステム。

当日、私と杏子ちゃんは駅で待ち合わせ、お寺の中にある座禅用の建物までやってきた。まず、柵と立て看板があり、階段を上ったところに門が見える。柵の中に入る前に、立て看板を読んでみる。

そこには、座禅会のお知らせや諸注意が簡単に書かれていて、中に「夕食をすませてきてください」という一文があった。打撃。

「た、食べてきてないよ……」杏子ちゃんが悲しい顔になる。

「私も」重要事項を聞くの忘れてたなー。「でも大丈夫でしょ」と瞬時に思い直した。断食道場では5食くらい抜いたのだ。「昼」と「夜」抜いた時点では平気だったんだから、今日の夕食ないくらい絶対大丈夫。

CHAPTER 6

座禅

Zazen

part 2

簡単にこう思えた時、私はこれが修行の一つの成果なのかも……とも思った。夕食問題は小さいけど、何があるにしても突然は嫌だと思うし、慣れてないことや経験のないことは不安。だから動揺したり、必要以上に心配したりしてしまう。だけど「あの時こうだったから……」と参照する出来事があれば、「心配しない」とか「準備をする」とか対処ができる。

もちろん、ものすごく痛いことだったら変わらず不安だろうけど、日々の出来事は後から考えれば「なんであんなに騒いだんだろう」というようなことが結構多い。

そして、経験が増えれば「あの辛さに比べれば……」と、「大したことない」と思う範囲が広がっていく。反面、「あの嬉しさに比べたら……」ということもあるだろう。これが感情の振り幅が狭まるということなんだと少し実感した。ひょっとして遅い……？

まだまだ続く「帰れ攻撃」

立て看板を読んだ後、階段を上って門に到着。中に一歩入って、声をあげそうになった。ここは……昭和初期!?

藁葺《わらぶ》き屋根なんである。ちんまりと建っている平屋の屋根

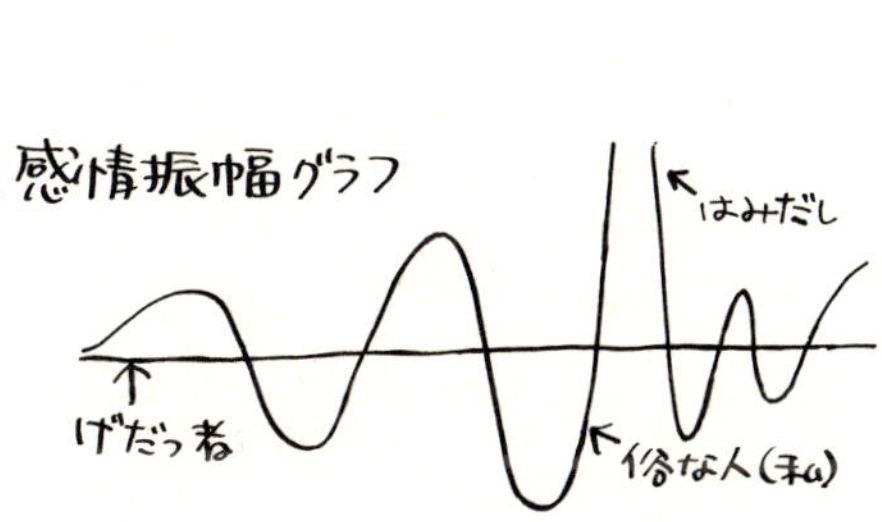

が、もっさり藁葺きなのだ。そして平屋の壁も茶色い板で、夕闇に灯《とも》っているのは黄色い裸電球、外に掘ったて小屋のような水場。小さな庭は木や花や石でかわいらしく造られている。その庭を竹ボウキで掃いている袴《はかま》姿の女の子……。お菓子のおまけについているジオラマか⁉ と思ってしまうくらい、本当にわざわざ造られたかのような、厳しいという噂とはかけ離れた素敵な風景であった。

ふと横を見ると、中で働いている人とは別に、明らかに入門者と思われるリュックをしょった男の人が門のそばに立っている。ここでウロウロしているのがしきたりなのかなと思い、ウロウロしていると建物の中からおじさんが出てきた。

「開始時間になるまで、これ読んで待っててください」

一枚の紙を渡された。それはとあるイラストレーターが体験入門した時の記事で、座禅会の流れを絵で説明してあるものだった。

これは読まなきゃ。「座禅」と言えば「果てなき作法」である。私たちは大急ぎで読み始めたのだが、コマもたくさんあるし、辺りも暗い。全然進まない。あっという間にさっきのおじさんがまたやってきた。

CHAPTER 6

座禅 Zazen part 2

「あの、全部読んでないんですけどっ」

「ああいいです。今日の希望者は4名、ですね。ところで皆さん、座禅はやったことあるんでしょうか」胸を張ってうなずく私たち。男性二人は初めてらしかった。おじさんが続ける。「うちはたいっへん――に厳しいですよ。大丈夫ですか？　生半可な気持ちならやめた方がいいです。やめるなら今です」

限界ギリギリブッチギリの「やめろ」攻撃。暴走族ならヘッド確実だ。

フリースは、防寒具にあらず？

玄関から向こうは暗かった。必要最小限しか電気がついていない。さすが。そして静か。言われるままに6帖間にあがり（しかし襖《ふすま》は全部はずされているので、空間は全部つながっている）、男性二人は前、その後ろに私たちが並んで正座。そのまま待つように言われる。

もうすでに修行ムード全開。暗い中、きびきびと動く何人かがいる。辺りには注意書きが何枚か貼ってあり、「冬でも防寒具（セーターなど）は着用してはいけません」などと書

いてある。でも私の前にいる人が着ているのはどう見てもフリースなんですけど……いいのかな。というかうらやましい。私は結構油断して薄着で来てしまったのだ。窓も開け放してあるこの建物の中は、じっとしていると結構寒い。

しかし、フリースをチェックする様子もなかったけど、まさかここの人たちフリース知らないんじゃないよね。時々お寺の外にも出るよね？　と、しばらくしてまたおじさんがやってきた。「ここでは上の者の言うことにすべて従ってください。指示をされたら素早く動くこと。だらだらするのは許されません」などなど、諸注意を手短に話す。

その次に隣の部屋に一人ずつ呼ばれ、「すわ面接か」と思いきや、質問などはまったくされず申し込みの手続きをした。

この時も、部屋に入る時と中に進んだ時に正座してお辞儀するとか、次の人は入口横で正座で待ち、出てくる人と一緒にお辞儀するとか、とにかく動作すべてに決まりごとがあり、その都度おじさんに「そこでお辞儀して！」「次の人ここ！」と厳しく指示されるのでその通りにする。

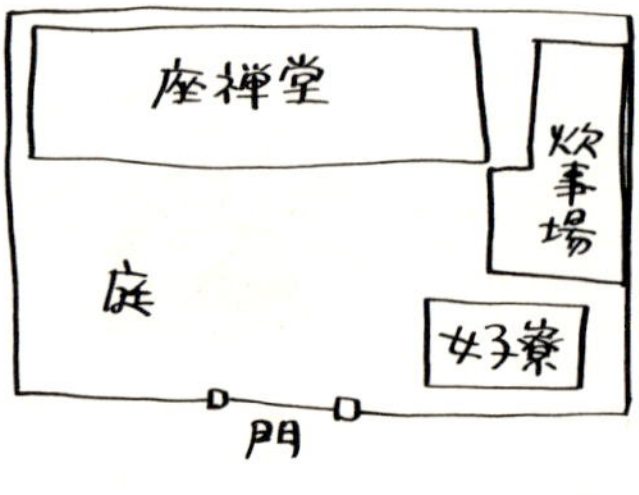

CHAPTER
6

座禅 Zazen part 2

座禅道場の主要人物をマークせよ

次に、女子は着替えのため女子寮へ。女子寮は庭に建っている小さな平屋。そこに女子が一度集まり、袴をはいてない人はそこで着替える。私たちの他に、女子をしきるおばさんと若い女の子が3人。彼女らは常連らしく、すでに袴姿で働いている。中でもショートカットの女の子は、おばさんの片腕となっててきぱきと用事をこなしていく。私は心の中でおばさんを「リーダー」、ショートカットを「ナンバー2」と名付けた。

リーダーはさっきの怖いおじさんとは対照的に物静かな感じ。伏し目がちで、最近元気ないけど大丈夫？　と声をかけたくなる疲れた雰囲気だ。本当に大丈夫か。しかしさすがリーダーだけあって、動じない感じもするし、なんでも知っていそう。なーんて思っていたのだが。

私はリーダーと、そして学級委員みたいなナンバー2の「裏の顔」をまだ知らなかったのだった！　でもその事件は夜まで待ってね。

この時は何事もなくまた諸注意を聞いた後、大急ぎで着方

を教えてもらいつつ、袴をはく。次の瞬間、ダッシュで座禅堂へ。ここではいつでもなんでも急がなければならないのだ。毎日が小走り。

早速、座禅開始。最初に足の組み方など教えてもらい、杏子ちゃんと並んで座る。ここは部屋全体が薄暗い。しかし壁に向かうわけではないので、半眼でいても部屋の様子が目に入ってくる。

最初の1時間は楽勝。1時間くらいじっとしているのはもう簡単だ。って罰ゲームじゃないんだから、こう言っている時点で修行が足りないことは明白。辛くないのは慣れてきただけで。まあでも慣れは第一歩、かも知れない。雑念は満載だったがとにかくやり終え、5分だけ休む。

もちろん「いや〜疲れた〜」なんてあくびする人はおらず、みんな無言で伸びしたりウロウロして、「コーン」と鐘が鳴ったら自分の席へ。入る時に礼、上手《かみて》へ歩く時は合掌（出口へは叉手《しゃしゅ》）、席の前で礼……と例によって作法ずくめ。杏子ちゃんは急いで歩く時、必ず手を振ってしまいよく注意されていた。

嫌がらせ？　それとも修行？

そして、2回めの1時間へ突入。これも苦もなく終わる。終わるといきなり「お茶の時間」。夜8時くらい（だと思うけど、時計がないのでわからない）。お茶とお菓子が用意される。

しかしこのお茶の時間に「ホッ♡」を求めてはいけない。若いお坊さんらしき人（4、

CHAPTER
6

座禅 Zazen part 2

5人いる）が木のお盆を持って、だだだだ——っとやってくると、怖いおじさんが「素早くお菓子とお茶碗を取る！　モタモタしない！」。

　そしてお茶をついでもらう時も「お茶碗を手にのせて隣の人と一緒にお茶碗を出す！　ついでもらって〝もういい〟と思ったらお茶碗を上に上げる、それが合図！　欲張ってたくさんついでもらわない！　端の人はついでくれる人と同時に礼！　早ーく！」ミスター矢継ぎ早。息するより指示！　そんな感じだ。お菓子は私の好きな歌舞伎揚げだが、「モタモタしなーい！」。全員が必死でその2枚を口に押し込む。

し、しけっている……。がーん。「ホッ♡」とできないうえにおいしくないとは。嫌がらせか。いや修行か。しかし思えばこの場合、しけっていた方が音が出なくてよかったかも知れない。沢庵情報もあることですし。

　チラッとミスター矢継ぎ早の様子をうかがってみると無表情のまま正面を見据え、すごい早さで食べている。歌舞伎揚げが終わったら次はお茶だ。少々熱くてもコンマ2秒で飲みきる勢いで！　これは戦いなのだー!!　お菓子がのっていた紙を戻し！　お茶碗を戻し！　礼をして！……全員が早さの

限界に挑戦した。人生で一番疲れた、嵐のようなティータイム。新しい経験だった。

そしてすぐさま電気が消され、また1時間。

覚悟を決めて、「警策」を志願

疲れたけれどお茶した（お茶したっていうか……）おかげで最初は新たな気持ちで座れた。しかし、そのうち前2時間の蓄積が。だんだん、じっとしているのが辛くなってきた。眠い、というほどではなかったけど、ちょっと頭に幕が下りてきた感じもする。

私は腹をくくりにかかった。「警策《きょうさく》、いっとく？」である。「痛そう」よりも、もう「喝をいれてくれ」の気持ちが強い。それにアントニオ猪木。彼のビンタに比べれば、肩を平たい棒で打たれることなど屁《へ》じゃないか！　下品。

とにかく私、覚悟を決めました。半眼のまま、警策を持ったお坊さんが回ってくるのを待つ。ここは目の前をお坊さんが通るため、頼むタイミングを計りやすい。がに股でゆっくり歩いてくる足が見えてきたので、「ええい」と手を合掌に変え、頭を下げる。足が止まり、私に向き直った。そして右

CHAPTER 6

座禅 Zazen part 2

の肩に一度警策を感じると、スッと離れ、次の瞬間「ズビビイ――――ッ」大きな音とともに衝撃が走った。いった――！表面だけかと思っていたのに、意外と背中の中まで痛い。なんか音が軽くないもん、こもってるもん。

「この人、うまくないんじゃ……」後悔しても遅い。「ズビビイ――――ッ」今度は左。痛い……。背骨に向かってナナメに叩かれるんだもの、先っちょ、重なってますやん……。じんじんしつつもお坊さんに合わせて合掌して礼。ありがとうございます。痛かったが「喝」効果はかなりのもので、本当にシャキッとした。「初喝」に充実感も覚える。

しかし、夜になっても窓が全て開いているので、寒くなってきた。「トイレ」という単語も頭の中に浮かんできた頃、終了の鐘。堂内がパッと明るくなる（といっても夕暮れくらい）。ミスター矢継ぎ早が「ナントカカントカ!! カントカー!!」と指示したら、いきなり男子が自分の座っていたところの後ろから布団をザッと引っ張り出し、掛け布団も引っ張って瞬時に寝た。予想外の展開にマゴマゴしていると、「遅おおおおおおおい!!」と今日一番の怒鳴り声。どうやら今日の座禅は終わったから女子はとっとと出てけ、と言いたかっ

たらしい。早すぎてわからん。

リーダーの裏切り!?

リーダーに連れられ、女子寮に。すぐ寝られるかと思いきや、なぜか女子だけは「自主トレ」というか「自主座禅」があって、しかもそれは外でやるというのだ。布団だけ敷いて、野外用座禅セット（ゴザと座布団）をリーダーからもらう。いいかげん寒かった私は、もらいながら「上に一枚着ていっていいですか」と聞いた。

彼女は「うーん……」と渋い顔をしたが「まあ……いいですよ。厚くなければ」と言ってくれた。（矢継ぎ早と違って融通きくぞ、リーダー！　ありがとう）とまだこの時、私は思っていた。この時まで！

私は喜びつつ素早く上に一枚着てみんなの後につき、一列になって玄関を出た。私は最後の方で、すぐ後ろにリーダーとナンバー2が続いていた。ちょっと離れたお堂の前に、私までの4人が先に到着し、座り始めた。チラッと振り返るとリーダーとナンバー2は座禅セットを持ったまま、座禅堂の入口で何か用を済ませている様子。そのうち来るだろうと思

CHAPTER 6

座禅 Zazen part 2

い、座禅の体勢に入る。もう秋だったので、やはり寒い。一枚着てこなかったら私はもう死んでいた。着てこれてよかった。

それにしても夜のお寺の境内《けいだい》は神秘的で、お堂の前で自然を感じながら座禅を組むのは素晴らしい体験だった。特に杏子ちゃんと私はお堂のほぼ正面に座っており、中央が開けていて、とても気分がいい。

風景を気にしている時点でまだ未熟者なのかも知れないけど、堂内でやるより雑念を流せたような気がする。自分が自然とともにあるのを感じて、そこにとけこめそうな感じがしていた。……それはいいけど、リーダーとナンバー2が遅い。来たら私の隣に座るはずなのに、全然来る気配がない。

ひょっとして角を曲がったところでやってるのかな？　横目で時々見てみるのだが、角の向こうまでは見えないからよくわからない。おかしいな……と思い始めたが、ここは上の者に従わなければ動けない道場。リーダーが「終了」と言うまでやめてはいけないのだから絶対来るはず。自然を感じつつ、リーダーを待つ。

しかし来ない。だんだん忍び寄る寒気《さむけ》。時折吹く風が猛烈

に冷たい。でもリーダーは来ない。まだか。まだか。まだか。本格的に寒くなってきたし、座り続けて腰がかなりしんどい。「一体いつまでやるの……?」確実に1時間はたっているだろう。指示が来ないことにイライラしてきた。「忘れて寝てるとか? まさか」「いやひょっとして」いろんな思いが駆け巡る。もう自然とも一体ではない。どちらかといえば敵。寒いよ。なに風吹かせてんだ。ああもう心も腐ってきた。限界かも……その時、隣の杏子ちゃんがガバッと立ち上がった。

その次の瞬間、私も立ち上がった。やってられっか。それが正直なとこ。これ以上続けたら体壊すから、とリーダーに怒られた時用の言い訳を用意し、寮へ向かった。

寮の中は真っ暗だった。「むむー……電気が消えてるってことは?」イヤな予感が大きくなるが、とりあえず座禅セットを積んであった廊下のつきあたりに戻す。部屋の障子を開けるとそこには……二つの布団のふくらみが!! リリリ、リーダー! そしてナンバー2! 爆睡中やーん!!

「うっそー、このヒキョウ者!」

静かに布団に入りつつ、心の中で思いっきり毒づく。修行足りん。

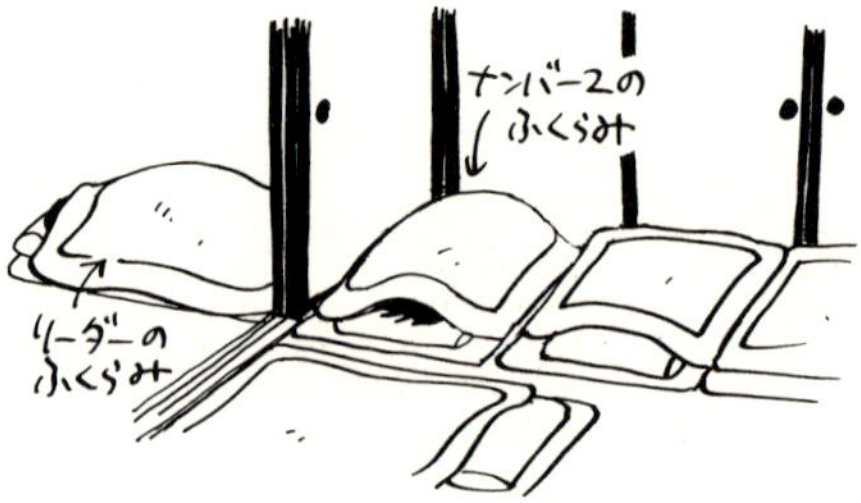

Chapter
6

座禅 Zazen part 2

しかし、許しがたかった。だって二人とも、座禅セットを持って外に出たのに！　あれは「やるふり」しただけだったんだ。そのために最後に並んだんだ。いつもみんなだけやらせて、寝てるんだ。

座禅会が始まる前に門のところで見せてもらったイラストでは、リーダーらしき人も外での座禅に参加していた。30分くらいで終わったからイラストレーターが拍子抜けしてたら「明日もありますから……」って答えてたな。あの時は「取材」だったからやったんだ。普段はサボってんだ。あーもう怒りがおさまらない。

だって体はもう芯《しん》の芯から冷えているのだ。凍えてるに近いくらい。そりゃそうだ。秋の夜、外で2時間くらいじっと座ってたんだもの。布団の中もまったく温まらないから眠れもしない。明日は4時起きなのに。ますます頭にくる。まだほかの二人、続けてるはずだけど大丈夫だろうか。心配していると、しばらくして帰ってきた。

しかし、なんで最初に「各自、好きなだけ」と一言言ってくれなかったんだろう。好きなだけやって終われたら、すごく素敵な体験になったのに。くそ――、私だってこの経験、

もし描く機会があれば絶対描いてやる！　絶対だぞ——っと誓ったあの夜。やっと現実になりました。なんか書いたら今、ちょっと彼女を許せた気分。そんな私はまだまだ修行中……。

未だ続く「フリース」への嫉妬

眠ったり起きたりを繰り返していたら、朝方になったようだ。目覚ましが鳴り、全員瞬時に起き上がる。起き抜けとは思えないスピードで布団を上げ、洗顔。コップ1杯の水で口をゆすぎ、顔を洗わなければいけない。

　その後トイレに行って袴をはいて座禅堂へ。もち小走り。即座に座禅開始。相変わらず窓は開けっ放し。こんなとこで寝た男子は寒かっただろう。私も今、十分寒い。ふと前方を見ると、フリースの人だ。フリース着たーい。あの軽くて薄くて温かいものがあったら、どんなに快適だろうか。着ているあの人が憎い。私は寒いのにあの人だけ……。

　そういえばこういう嫉妬に名前がついてたな、と思い出す。例えば今の場合だと、彼がフリース着ていることと、私が寒いことはまったく無関係の話。彼がフリースを脱いだって私が温かくなるわけではないのだ。なのに、人間は「なんだよ

Chapter 6

座禅 Zazen part 2

そのフリース脱げよ」と思ってしまう。どうしても「平等」を求めてしまうのだ。

そうだ、これも修行の一部なのだ……フリースのことを忘れようと努める。それにしても寒い。まだ日も昇っていないのだ。時々、ミスター矢継ぎ早が大きな声で説教する。「楽に座るな！ 腹を出っ張らせて、辛い姿勢で何時間も座るんだ。なんのためにそんなことをするのか。それをわからなきゃダメなんだ！」楽に座っちゃダメ。これは結構衝撃だった。普通の生活では長時間座り続けるために、少しでも快適な姿勢を探してしまう。「じっとしていること」が目的のように感じるからだ。しかし、そんな「外からの見え方」を気にするのではなく、自分にしかわからない辛さを課して、体や心と戦うことが修行なんではないかと思う。

この後、休憩がなく、そのまま2時間ほど。この時間が一番きつかった。1分1秒、たつのがもどかしい。もう腰が痛くてまっすぐに座っていられない。杏子ちゃんも一度、警策を受けていた。よくわかるよ、その気持ち。それに今日の人の方が私が打たれた昨日より上手っぽい。音も高いし。

しかしその後、杏子ちゃんも私も相当動いていたと思う。

足は曲げっぱなしなので、しびれたというよりは膝が痛い。お尻も痛い。フリース。

杏子ちゃんなんて、肩を上げ、首を前後に倒し、「はあ……」というため息すら聞こえる。私はヒヤヒヤしていたが、警策を持って回る人が途中でいなくなったし、彼女の横にいるリーダーも見逃していたようだ。くそうリーダーめ。また思い出してしまった。そして辺りがすっかり明るくなった頃、もう何度めかわからない鐘がなって、いよいよ、いよいよ沢庵の時間……つまり朝食の時間がやってきたのだった。

朝食の時間
座禅会に先立ち
私は沢庵を買った
なるべくひなびた
音の出そうな
1本。
自主トレのためである
ねぇ
沢庵
音ナシで
食べられると
思う？
え!?
どうして
そんなことするの？
沢庵は
音が
あってこそ
沢庵
でしょー
どうして…
どうしてかは
わかんない
けど
「作法」じゃ
ないのかな

まあ そうなん ですけど… ちょっと 食べてみて
ぱく
……
……
ポリ
……
……
……
ポリ
ムリだよ むしろ音を たてるべきだ!
ポリ
ポリ
ポリ
いやいや いや
ポ…
ポク…
一人 特訓を 重ねるワタシ
ポ…
ク…
カッ
ゆっくりだ! ゆっくりだましだまし かむしかない!!
そしてのぞんだ 座禅会
ザザザーッ
早い!! 動きの すべてが 早い!!

大丈夫なのか!?
さっさと食べる!!
ポリポリうるさい!!
いったい何切れなのか
どのくらい黄色いのか
不安でいっぱいになりつついよいよ朝7時から朝食スタート!
はいここに座る!
あなたはここ!!
初めて見るおじさん
よりによって私の正面…
背筋伸ばす!!
杏子ちゃん
リーダー
テーブルの上にはふろしき包みが一つ
はいほどいてふろしきはたたんでヒザの上!!
さっさと!!
カタッ
コン!
音をたてない静かに置くんだ!!

ひ〜〜
白い手ぬぐい
お碗(小)
お碗(大)
まず
お粥がきた
様子
作法はどうなっているのかと思うが
横を観察することもできない
自分のお碗凝視中
やっと視界に
お粥登場
桶に入っている
自分の分を取ったら相手の方へお玉を置く!!
なんでも次の人のためにやるんだ!!
それくらいはわかってるんだけどなぁ
早く食べないと叱られそうなので
極めて少しにしておく

そして
おじさんも
取り終わると
左手で
そっち
持って！
ちょっと変わった
動かし方をする
次に梅干が
回ってくるので
小さいお碗に
入れる
おじさんは
2コ
小さいのを
1コ…と
そして問題の
沢庵が!!
きた!!
ひなび系で
音出す気マンマンといった雰囲気
しかし自分で
取っていいのなら
最小限…と
ホントーに
小さいの
2切れにした

杏子ちゃんはといえば
全部リーダーの真似をせねば!!
かなりテンパっている
ドサッ
リーダーが山盛りなら
ドサッ
杏子ちゃんも山盛りだ!!
私より食べるの遅い人
たっぷし
お粥は楽勝として…
沢庵を口に含むのが怖い…
しかし周りでは意外と
ポリ
ポリ
ポリ
恐いおじさんも
沢庵も音を出すなというんではない
むやみに大きな音をたてないということだ!!
何も言ってないのに心読まれたのか!?

ポ…リ……
私は取つた量が少なかつたのでゆつくり食べられた
杏子ちゃんは
んぐぐぐぐ
「沢庵何枚か飲みました」(後日談)
しかし
そろそろ終わりだ…
よかった
と思ったら
え〜
今日はお粥がかなり余っております
もう一回まわしますので皆さんおかわりしてください!!
ミスター矢継ぎ早
え〜
欲しくないけど少しだけ
私いいです
なんか気づいた
ちょっとはいただきなさい!!
ううう…
ふー
終わった終わった
トロッ

全員が食べ終わるまで待ちます
しーん
最後はこの人
ひ〜…
「小学校でも居残り給食してました…」(後日談)
しばらくするとお茶がまわってきた
まず小さいお碗についで!!
ゆすぐようにして大きいお碗に移すんだ!!
梅干のタネごと
そして大きいお碗もゆすぐようにまわしてから飲む!
ぐっ
タネは飲まないけど
その次にぬるいお湯がまわってきた

この中に
お碗をつけて
回しながら
指で洗うんだ!!
こうすることで
水が最小限で
すむんだ!!
← この語尾が多い
あ
コン!
あ
それから手ぬぐいで
お碗やお箸をふいて
元あつた通りに
結んで終了
しかしこの後
もう一度
お碗など全部
洗い直したの
だが…
ザパー
じゃあ
ゆすいだ
お湯は?
ムダだったの
では!?
それにしても
疲れたね…
特に私の前
一番怖い
おじさん
だったもん
ねー
でもあの人
あのお寺の人
じゃないんだよね
常連さんでしょ〜
マジで!?
あれだけ叱つて
謎の人なのであつた

たった一人の船出

朝食が終わると、また座禅。だんだん耐えがたくなってきた。最初はごはんのおかげで気分リフレッシュ！ だけど、蓄積ってものがあって、すぐに膝やお尻が痛む。「うあああ〜っ」と大声を出してこの座禅堂を飛び出したらみんなどんな顔するんだろう。

ああ、早く家に帰りたい。「いーえ！ いーえ！」とみんなで大合唱して家を讃《たた》えたい気分。家っていいよね。ソファもね……ソファに寝転がってあんまり面白くないテレビ番組見て「あんまり面白くなーい」とか言いたい！ ああ、幸せだった平凡な日々よ……。

もうただただ、早く終わることだけを念じて腰の痛みに耐えた時間。後から推定すると、1時間くらい。でももっともっと長く感じた。

さてその後は、別のお堂へ法話を聞きに出かける。動けるだけで嬉しい。もちろん小走りで一列になって、玄関を出る。外へ出るとすでに結構な数の観光客。袴で下駄履きの集団は、かなり注目度高い。そんな中をもはや駆けてゆく。一般のお

CHAPTER 6

座禅 Zazen part 2

客さんは正面の入口からお堂に入るが、私たちは横から入り、別の場所にきちんと列になって座る。正座でもいいようだが、正座は明らかに足がしびれるのでやっぱり足を組む。

場所が変わり、お坊さんの話を聞きながらなので、それほど辛くはなかった。お客さんは満杯。由緒あるお寺だからか。

しかしお坊さんの話は……どうなの。内容は「いっぱいお酒をいただくが、ブランデーは飲まないのでたまっていく一方だ。でも『ナポレオン』とかだから、人にあげるのは勿体《もったい》ない。そんな時、素晴らしい住職の奥さんが果物をつけるとおいしく飲めると教えてくれたので、こりゃいいやと実践している」というような話。全体的にはこの「住職の奥さんの素晴らしさ」を語っていたのだが、お酒人にあげるの嫌っていう発言が一番私の心に残りました。

「飲まないんならあげればいいじゃん。ほっとく方が勿体ないよ」この人が私の親なら、そう言うけど。仏教って「捨てろ捨てろ」と言ってるのではなかったのか。法話を面白くするために、冗談として言っているのか。坊さんってわからん。

と！　ふと後方左隅に座っているミスター矢継ぎ早を見てみると……船、漕《こ》いでらっしゃるではないですか。ミスター！

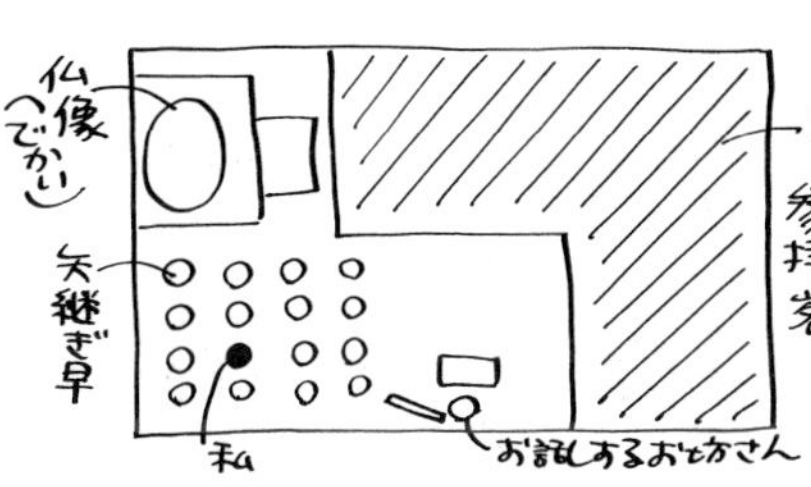

あんなに厳しくしておきながら、たった一人で船出ですか。やっぱり早口でしゃべり続けるのは体に負担なのだろうか？　でも、人間的なところもあるのね、って感じでちょっとほっとしました。

節約プレイ？

法話が終わり、また小走りで座禅堂へ。さあ後は掃除のみ。女子はまず洗い物。お茶碗やふきんをみんなで分担しながら井戸水を使う。若いお坊さんがやかんを手に「さっき沸かしたお湯余ったんですけど、洗い物に使いますか？」とやってきた。「おっセンキュー！　気がきくね」と私は心の中でいち早く返事をしたのだが、リーダーの答えは「あー……いらないわ。流しといて」。えええええ〜〜〜〜〜っ！　余ってるんですよ？　使わなかったらそのまま捨てるんですよ？　なぜ捨てる前にこのタライに入れちゃだめなの？　おかしな話やわー。静かな顔のまま、内心大爆発。でも仕方ない。新鮮で冷たーい井戸水のまま仕事を続けた。洗い物などが終わると、そのまま庭の草むしりなど。

動けるので、むしろ楽しい。終了時刻が来て、解散の準備。

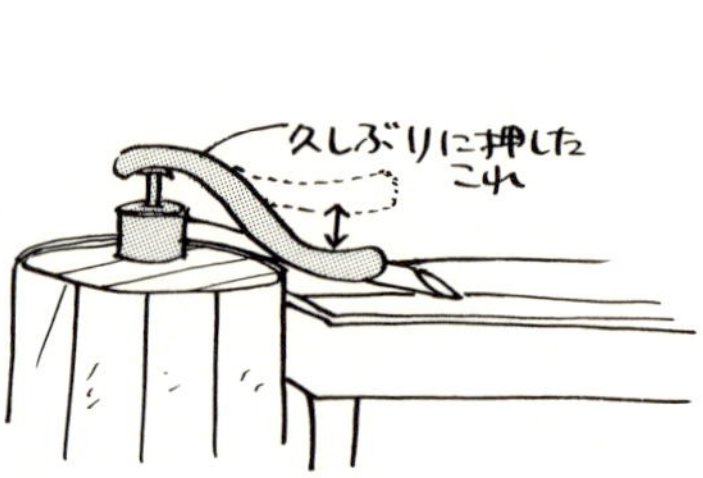

よ、よかった。女子寮で着替える。しかしこの時、みんな水をじゃーじゃー使って歯磨きなど行う。

んー、さっきの節約精神は？　あの時だけそうするなら、それは「プレイ」……。と思いつつも、早く帰りたい一心で最後まで急いで身支度。

ああ、帰れる。リーダーと皆さんに愛想よく挨拶し、ミスター矢継ぎ早にもお礼を言いに行く。「お疲れさまでした。大変だったでしょう。もう二度と来たくないと思いましたね？」と初めて見る小さな笑顔。

「そんなことないです！　いい経験でした〜」と私たちも元気に返す。「二度と来たくない問題」には触れないまま笑顔で歩き出した。

「辛かったー……」

ずっと一緒にいたが、口をきいてなかった私と杏子ちゃんが発した第一声は同じ言葉だった。

座禅②を終えて

噂は本当だった………。

かなり辛い。1泊2日が限界。腰も限界。

これを1週間やったなんて、そりゃ終わったら私だって泣くでしょう。

いや途中で帰る、絶対。

身動きせずじっとしているか、小走るかという両極端な世界。しかも自由はない。ここに毎週来ていたら精進できるのだろうか。

座禅を死ぬほど組んでいるうちに「こうして座禅していたって世界は戦争し、貧しい人は死んでいる。この座禅に意味はあるのか」と思い始めた。

私が座禅しなくても戦争はしているし、じゃあ座禅のかわりに世界の役に立つことをするかと言われればその予定もないのだけど。

危ないのは、自分のためになることをするのは当たり前でしかないのに「えらいことしてるっぽい」気持ちになることだなと思う。

Chapter 7

お遍路

Ohenro

お遍路
とあるお昼時
私は
高松駅の前に
立っていた
高松駅
なぜここまで
来たかというと
今まで
こんなこととか
こんなこと
しててー
年とったら
お遍路行って
みるのも
いいかな…
と
担当さんに
話していたら
今
行ったら
どーです
か?
そして
原稿描いて
ください!
ということで
2泊3日の
予定で
本州を飛び出した
東京を
朝出発
四国
さて一般的に
「お遍路」といえば

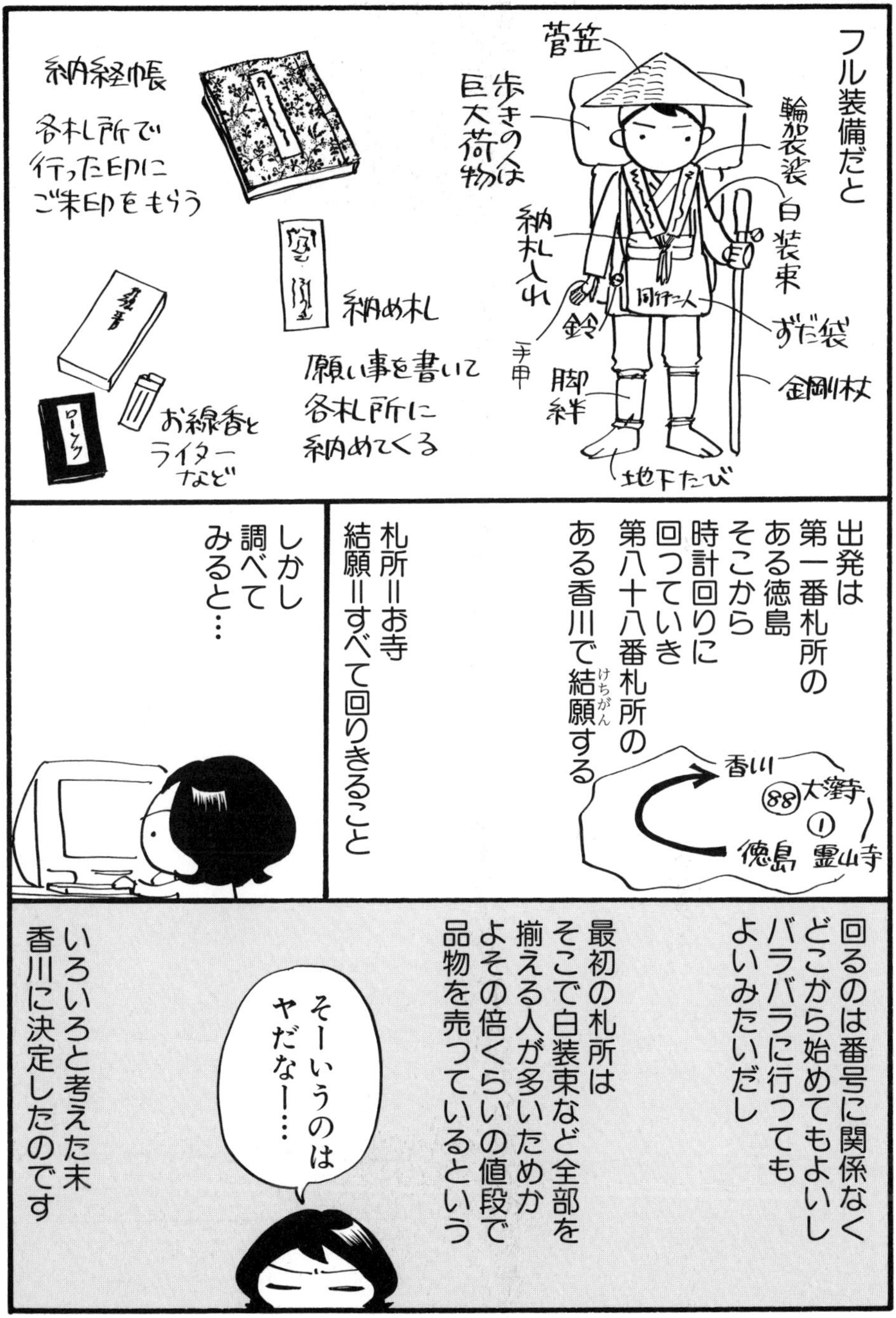
フル装備だと
菅笠
輪袈裟
白装束
歩きの人は巨大荷物
納札入れ
鈴
手甲
同行二人
ずだ袋
金剛杖
脚絆
地下たび
納経帳
各札所で行った印にご朱印をもらう
納め札
願い事を書いて各札所に納めてくる
ローソク
お線香とライターなど
出発は第一番札所のある徳島そこから時計回りに回っていき第八十八番札所のある香川で結願《けちがん》する
香川
88 大窪寺
1 霊山寺
徳島
札所＝お寺
結願＝すべて回りきること
しかし調べてみると…
回るのは番号に関係なくどこから始めてもよいしバラバラに行ってもよいみたいだし
最初の札所はそこで白装束など全部を揃える人が多いためかよその倍くらいの値段で品物を売っているという
そーいうのはヤだなー…
いろいろと考えた末香川に決定したのです

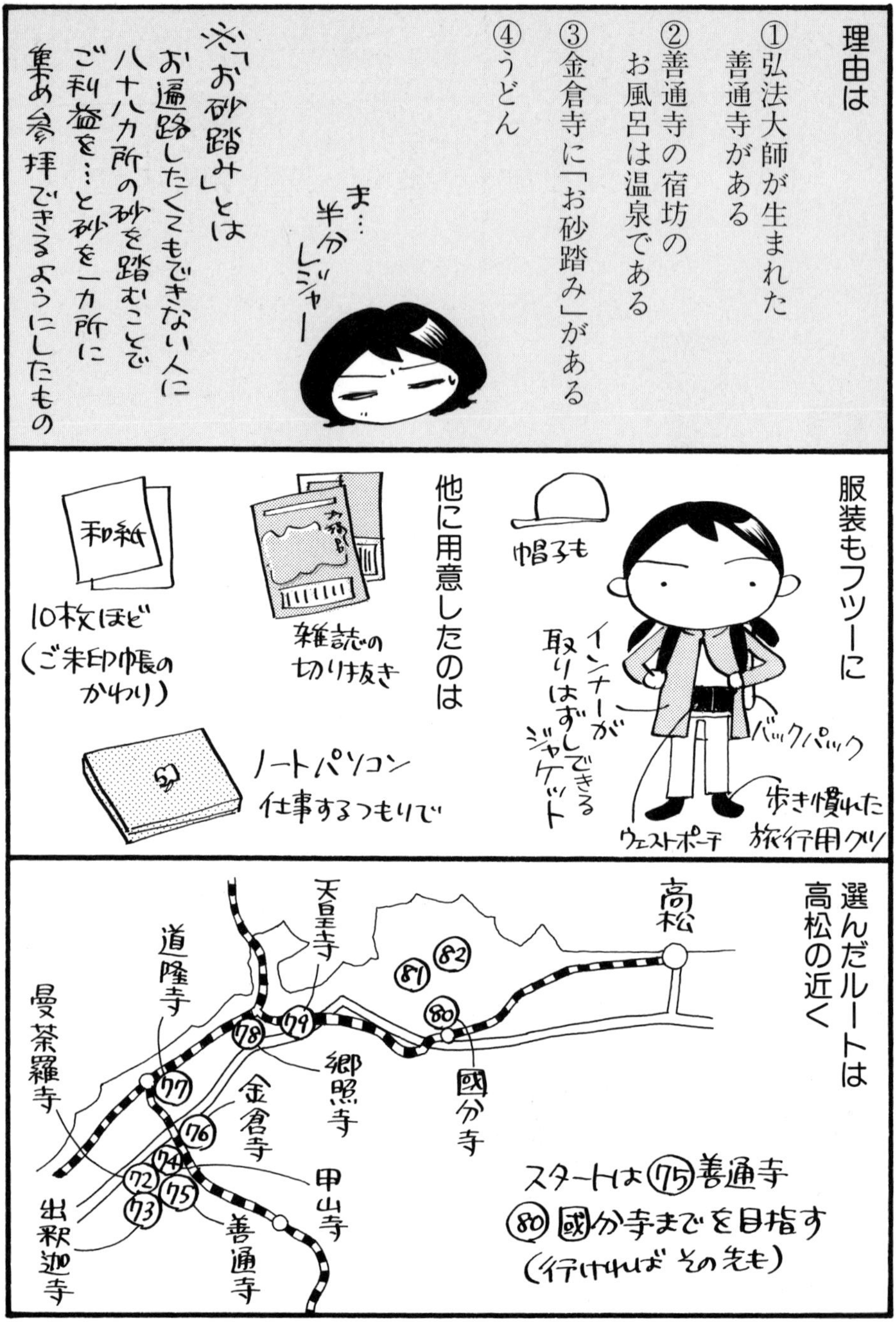
理由は
①弘法大師が生まれた善通寺がある
②善通寺の宿坊のお風呂は温泉である
③金倉寺に「お砂踏み」がある
④うどん
ま…半分レジャー
※「お砂踏み」とはお遍路したくてもできない人に八十八カ所の砂を踏むことでご利益を…と砂を一カ所に集め参拝できるようにしたもの
服装もフツーに
帽子も
インナーが取りはずしできるジャケット
バックパック
歩き慣れた旅行用クツ
ウェストポーチ
他に用意したのは
雑誌の切り抜き
和紙
10枚ほど（ご朱印帳のかわり）
ノートパソコン
仕事するつもりで
選んだルートは高松の近く
高松
82
81
80
國分寺
79
天皇寺
78
郷照寺
道隆寺
77
76
金倉寺
曼荼羅寺
74
甲山寺
72
75
善通寺
73
出釈迦寺
スタートは75善通寺
80國分寺までを目指す
（行ければその先も）

高松に着いた私は
向かう駅を確認
駅数が少ないから
きっと本数が
あるはず…
…。
じゃあまずうどんだ!!
お昼だし!!
セルフサービスが
多いのも有名な
この街で
初セルフ
初うどん
さつま揚げみたいなのをトッピング
230円（かけ150円）
ここのは
麺はフツーだったが♥
おつゆ
うまーー!!
薄味大好き
「感動!! 麺紀行」に
なる前に
駅に戻った
…が
注：改札の人です
↓
あーその
方面の電車
今出ちゃって…
あと30分
くらい
ないですねえ〜
とにかく
一番早く出る
電車に乗った
途中乗り換え
丸亀
すいません
善通寺行くのは
このホームで
いいんですよね？

そう
次の次の
各駅ね
じー
…なに
大学生?
え〜〜
全然違います
よーー…
善通寺
行くの?
気にもとめず
あっそうです
善通寺の辺りを
回ろうと
思って…
何にも
ない
ですよ
あれ?
でも75番が
善通寺で…
そばにいくつか
ありますよね?
あー
八十八カ所?
わからんわー
地元では
賛否両論
ほとんど
知らない人も
多いようだ
今なー買物行ったら
品薄うてなー
そう言ったら
〝不景気や〟
言われてなー
ふー
いきなり
うつむきがちな
会話へ
こんぴら山に
登るとええわ
そしていきなり
観光案内

すぐそこやしモミジきれいやで
はぁ…
わたしゃヒザが痛くてなぁ…
こんぴら山は骨の神様やから!!
カッ!
私特に足が痛いわけでは…
おばちゃんには悪いが予定通り善通寺駅で降りる
なんていうか…
荒涼
本当にここは観光地か!?
お遍路の「へ」どころかフツーの人もいない
とりあえず寺へ向かう
午後2時20分 75番札所「善通寺」到着
五岳山
でっかい…

まず手と
口を
ゆすいで…
本堂に入ると
ご本尊
こちらから
「般若心経」の経本を
持っていなかったので
買う
表はお経
裏は八十八か所
それぞれの真言
役に立った
それから礼拝
私は周りで
亡くなった方の
成仏を祈願する
ことにした
本堂を一周してから
「納経所」へ
すいません
この紙に
欲しいん
ですけど…
えっ…
えーと後で
ご自分で
納経帳に
仕立てるん
ですか？
はい

サラ
サラサラ〜
ぎゅ
どうぞ
300円です
この「ご朱印」がカッコイイのだ!!
四國第七十五番
藥師如來
四國第七十五番 讃岐屛風浦
弘法大師 御誕生所
總本山 善通寺
こういうものももらえる
ついでにここで次の74番への道を聞き向かう
また宿坊に戻ってくるけど
ものすごーく普通の道である

何か
モヤモヤ
する…
さつきの「ご朱印」
カッコよかったけど
お寺を回って
印をもらうって…
スタンプラリーとどう違うのか!?
私が今
ここに来て
お参りしたって
いうことは
印をもらっても
もらわなくても
「神様」は
ご存じだろう
300円払って
あのおじさんに
「証拠」を
もらわなくても
いいんじゃ
ないかな…
私と神様の
間のことだ
そうだ
もう「ご朱印」は
もらわなくて
いいや
それにしても
生「お遍路さん」
見ないなー
ホントに
いるのか?
と思っていたら
チリン…
チリン…

バリバリの
歩き遍路だーー!!
チリーン
チリーン
おおっ
ぺこ
ぺこ
チリーン
チリーン
お遍路さんは
挨拶しあうもの
なのだが
私はフツーの服で
相手にわからないため
こちらから頭を下げる
74番甲山寺は
すぐ近く
セメント工場
ココ
とても
こぢんまりとしている
すいません
納経所
「ご朱印」はもらわないが
また次への道を聞く

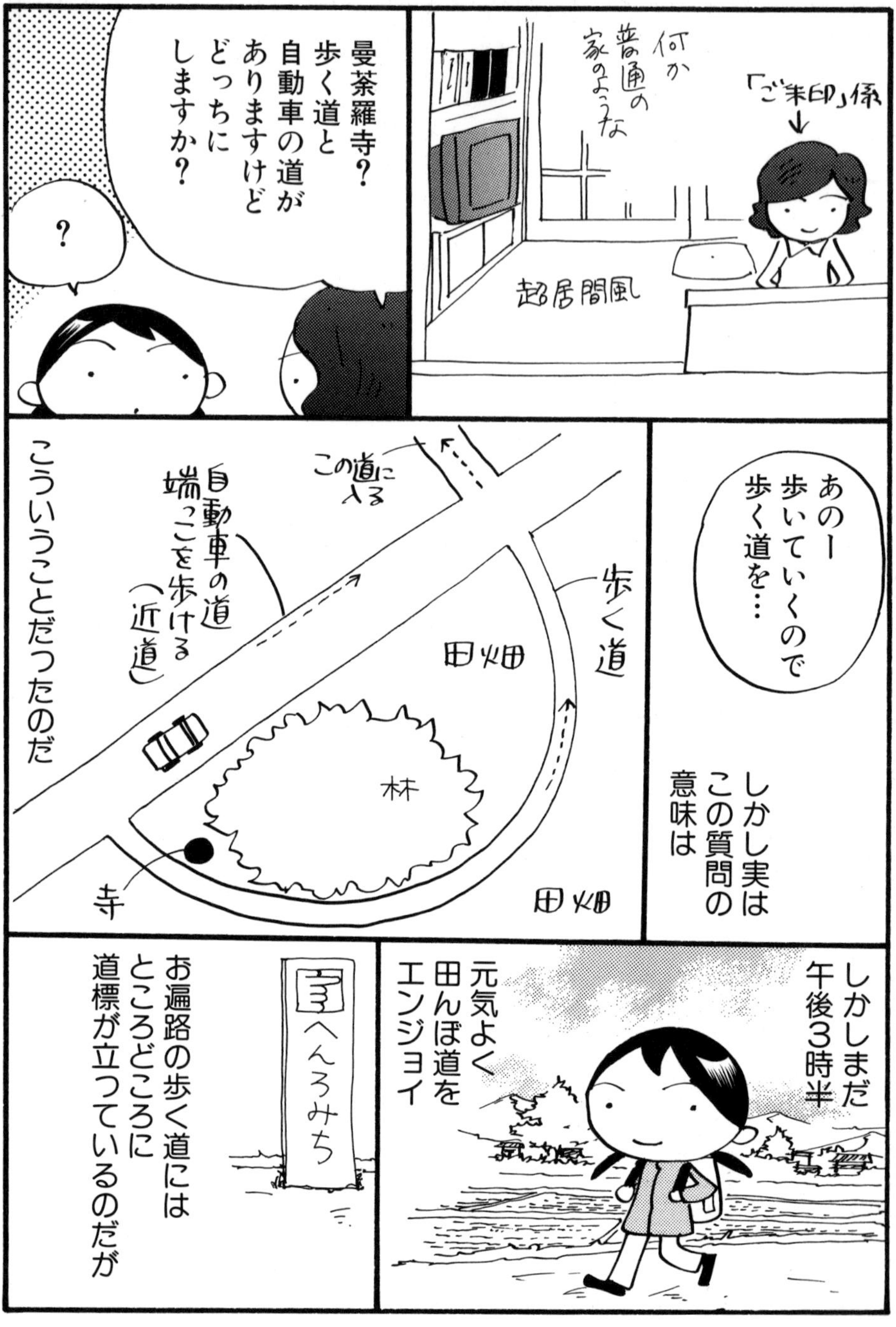
「ご朱印」係
何か普通の家のような
超居間風
曼荼羅寺？
歩く道と
自動車の道が
ありますけど
どっちに
しますか？
？
あのー
歩いていくので
歩く道を…
しかし実は
この質問の
意味は
この道に入る
自動車の道
端っこを歩ける
（近道）
歩く道
田畑
林
寺
田畑
こういうことだつたのだ
しかしまだ
午後3時半
元気よく
田んぼ道を
エンジョイ
へんろみち
お遍路の歩く道には
ところどころに
道標が立っているのだが

この辺は
少ししか
立っておらず
しかも
位置が微妙だったりする
人も少ないので
あのー
すいませーん
待ってー
動くものを見たら
すかさず道を
聞かねばならない
さらに
噂では
地元の人は
八十八カ所に興味がないし
お寺が沢山あるから
名前を言っても
わからない
という話
だったが
この辺の人は
たいていお寺の
名前を言えば
教えてくれた
まっすぐ
いって
左…
モミジ
きれいだなー

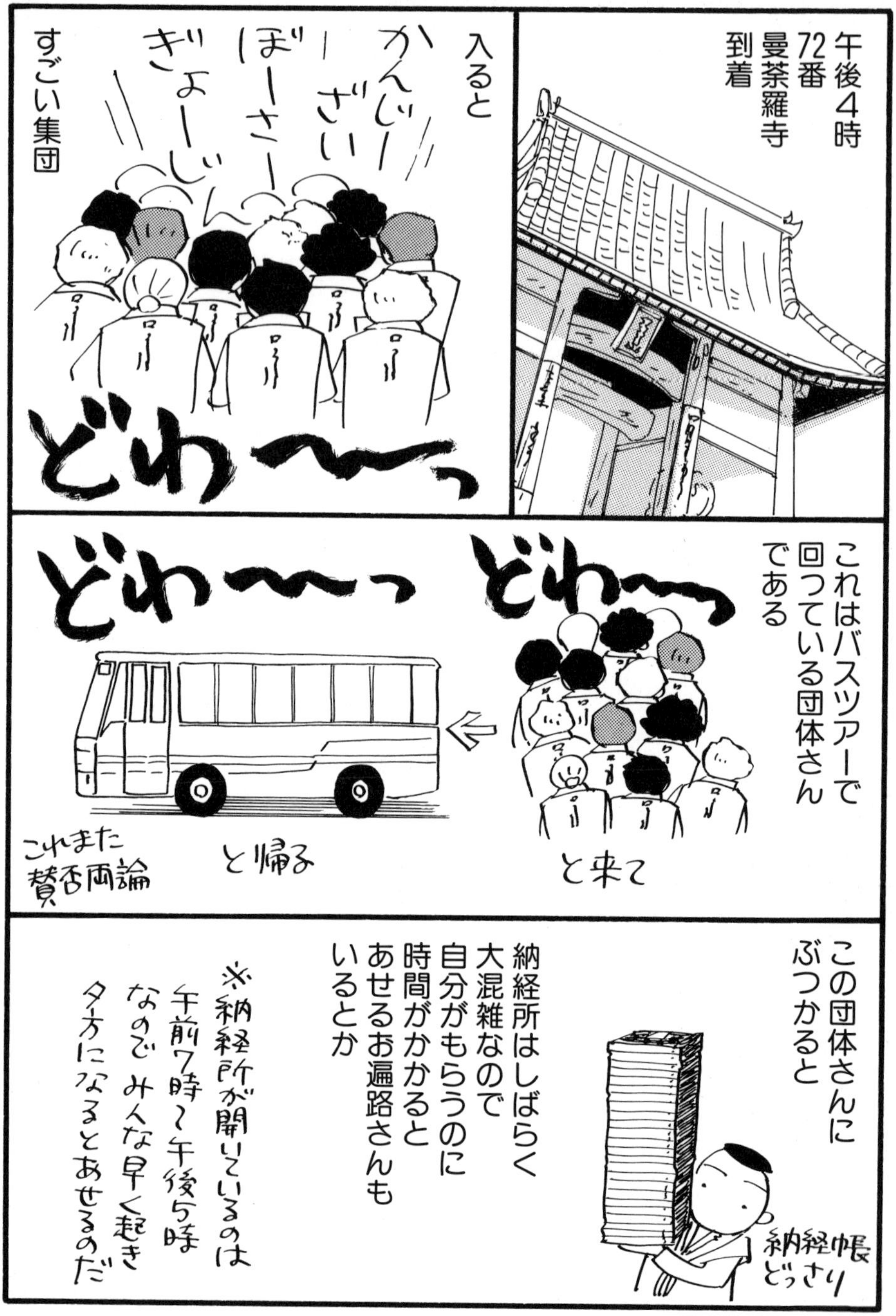

午後4時
72番
曼荼羅寺
到着
入ると
かんじーざいー
ぼーさー
ぎょーじん〜
すごい集団
どわ〜っ
これはバスツアーで
回っている団体さん
である
どわ〜っ
と来て
どわ〜っ
と帰る
これまた
賛否両論
この団体さんに
ぶつかると
納経所はしばらく
大混雑なので
自分がもらうのに
時間がかかると
あせるお遍路さんも
いるとか
納経帳
どっさり
※納経所が開いているのは
午前7時〜午後5時
なので みんな早く起き
夕方になるとあせるのだ

私は「ご朱印」をもらっていないので平気だが
まーかー
はんにゃー
はーらーみーたー
ぶっ
ぶつ
お経を唱える声が大きいのでつられそうになる
4時10分
出釈迦寺へ向かう
あのー「でしゃかじ」ってどう行けば…
あー「しゅっしゃかじ」ね
おへんろ失格
いやん
読み方くらいは勉強していきたいものです
出釈迦寺までは坂道
杖ほしー
4時25分
73番出釈迦寺到着
すごく雰囲気がある

とても小さなお寺だったが感じがよかったのでここで地図を買ったついでに
今日はこれで終了
善通寺方面へのバスありますか？
あるわよー
時間見てあげるわね
現在の時刻
4:40
あー最終が3時50分に出ちゃって…もうないわねー
えーーっ
そんなバカな私3時50分に起きることだってあるのに!!
↑たまに、ね
しかも5時30分までに善通寺の宿坊に行かないと夕食が…間に合うのか!?
仕方ない地図を見ながら歩こう
この地図によると善通寺まで約3km
帰りは自動車の道で
ブォー
早く早く
地図

午後5時20分
善通寺到着
はー
まっ暗
人間
やればできる!!
しかし
この広い境内で
宿坊を
探さねば…
5分後宿坊発見
玄関には
杖置場
完備
私の
部屋にカギは
ありませんので
貴重品は金庫に
入れてください
受付の人
思いきった
作戦ですね
私の部屋
下段
金庫
押入れ
ゴミ箱
入口
6畳
窓
テーブル
に
お茶
セット
さて夕食のため
食堂へ

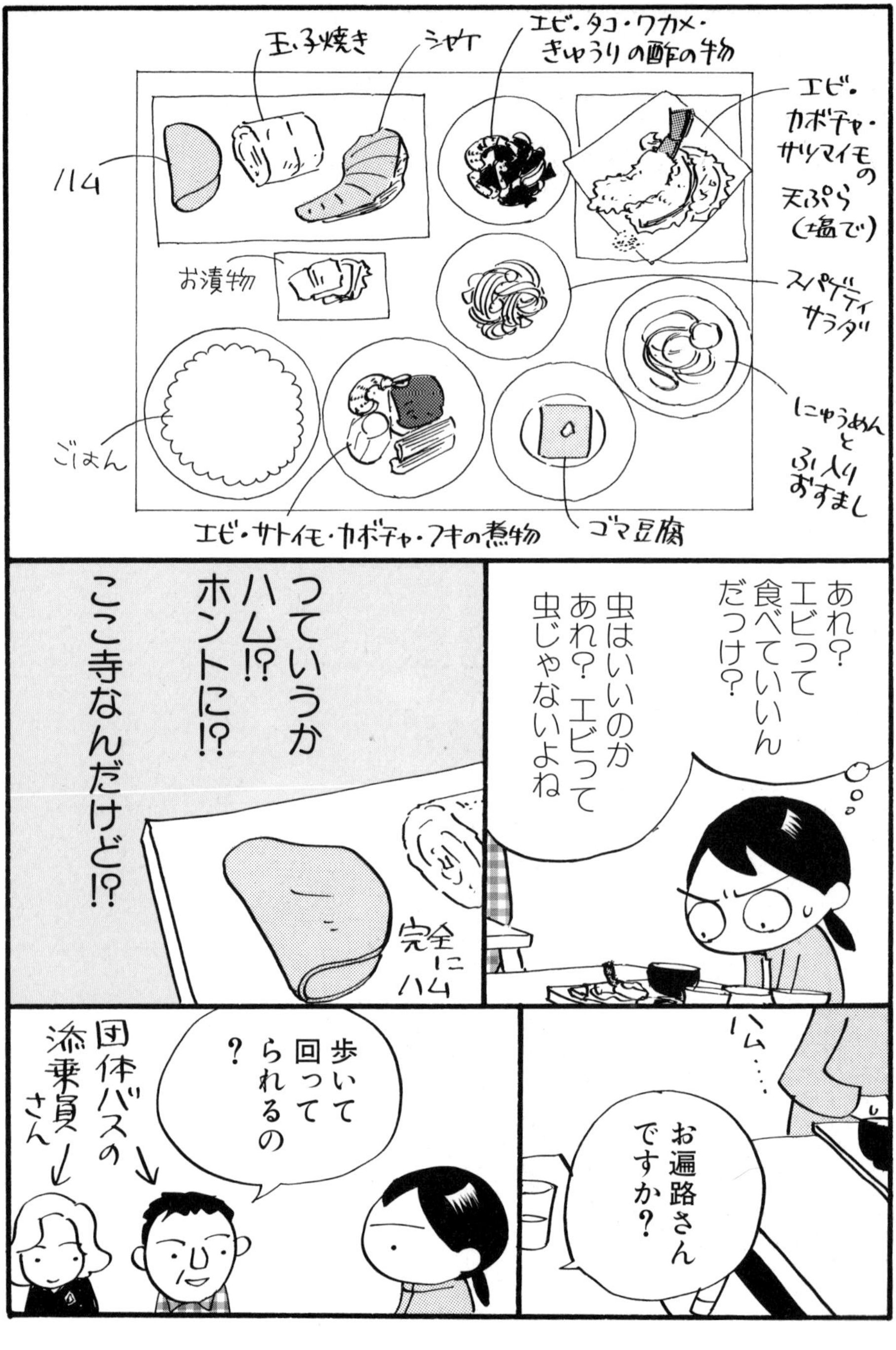
エビ・タコ・ワカメ・きゅうりの酢の物
シャケ
玉子焼き
ハム
エビ・カボチャ・サツマイモの天ぷら（塩で）
お漬物
スパゲティサラダ
にゅうめんとふ入りおすまし
ごはん
エビ・サトイモ・カボチャ・フキの煮物
ゴマ豆腐
あれ？エビって食べていいんだっけ？
虫はいいのか あれ？エビって虫じゃないよね
っていうか ハム!? ホントに!?
ここ寺なんだけど!?
完全にハム
ハム……
お遍路さんですか？
歩いて回ってられるの？
団体バスの添乗員さん

あ…いいえ 歩きと 電車です
えらいねー まだ 若いのに
ねー
でも 始めたばっかり なんです
1番から回ってくると 香川は「結願」の地なので 長くやってきた人だと 思われがち
へぇ？
でも えらいよ ねぇ？
うんうん
どこでも感じたのだが 「お遍路さんに感心したい」 というムードが少しある
ビール どうです か？
いいえ いいです
お遍路中は禁酒です
さてこの宿坊…
共同ですが
トイレは ウォシュレット！
お風呂は 温泉！！
キレイ！！
↑ 足をもみまくっている
羽根布団！！
いいのか いいのか…
まだまだ新しいこの宿坊 ですが もっと大きいのを建て直し中です…

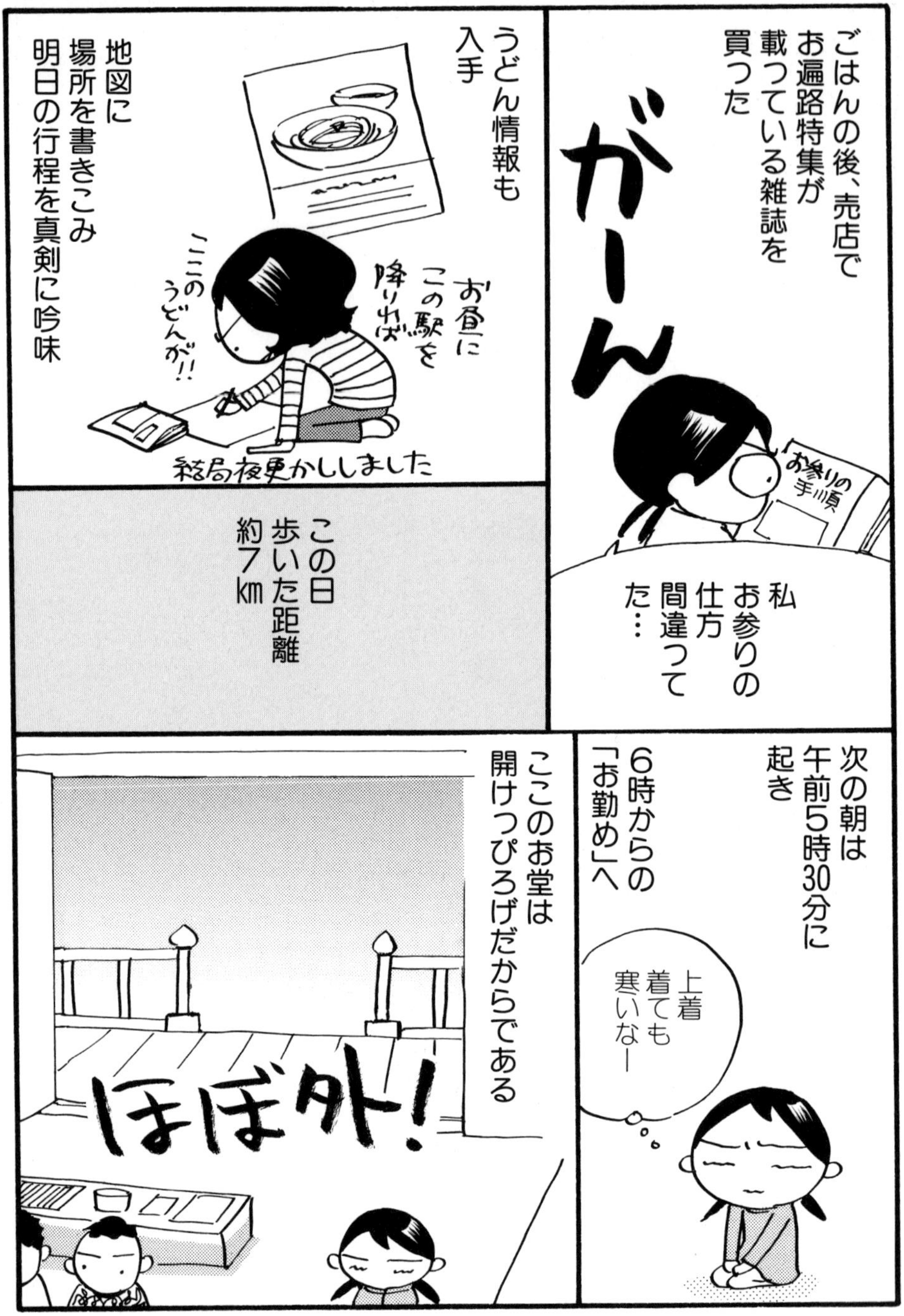
ごはんの後、売店でお遍路特集が載っている雑誌を買った
がーん
お参りの手順
私お参りの仕方間違ってた…
うどん情報も入手
地図に場所を書きこみ明日の行程を真剣に吟味
お昼にこの駅を降りれば
ここのうどんが!!
結局夜更かししました
この日歩いた距離約7km
次の朝は午前5時30分に起き
6時からの「お勤め」へ
上着着ても寒いなー
ここのお堂は開けっぴろげだからである
ほぼ外!

読経や法話を聞いた後
よかったら「戒だん巡り」してくださいね
今ここにいる方は無料です
「戒だん巡り」とは弘法大師が生まれた部屋の下に行けるもの
元「弘法大師の母の部屋」
今は仏像が置いてある
1F
祭壇
地下
入口
まっくらなので謎
普通は500円
よかった昨日やろうと思ったけどやめといて
手探りで進む
ちょっと開けた場所に出る
ありがたい絵など
う…うろ覚えですみません…
何かとても神妙な気持ちになり
とても個人のことなんて願えない…
「世界平和」を祈る
その後　朝ごはん
ほうれんそうのおひたし
さばの塩焼
のり
切干し大根
お漬物
梅干し
お豆腐のおみそ汁
ごはん
お豆
やっぱり魚が出てる…もう驚かないさ

8時
出かける準備をして
境内にある
「五百羅漢像」を見る
弘法大師生誕千二百年記念
寄付などで作られている
いろいろな像がある
のんびりする
神様
踊っているような
神様
この神様に
いたっては
人々に何を
教えたかったのか
9時すぎ
76番金倉寺へ到着
雑誌の
「お参りの仕方」に
ならう
①手や口を
ゆすぐ
ゴォ〜ン
初めて
かも…
②鐘をつく
③線香と
ローソクを
立てる
常識ですが
なるべく奥から

④お賽銭を入れる
浄財
⑤納め札を納める
奉納
納札入
⑥真言や経文を唱える
回向文
←そのお寺の真言
←般若心経
←弘法大師の真言
など
私は回向文《えこうもん》の前に「俗名○○の供養のために参りました」と言ってました
↑複数名
⑦納経所で「ご朱印」をもらう
私は省略
最初は何度も確かめつつ…
ぱっ
少しずつ慣れました
↑手順の切り抜き
このお寺には「お砂踏み」があるのでこれもお参りする
←ビニールの中に砂が入っている

「お参りの仕方」は入口に書いてあるので
それを参考に
10時15分
次のお寺へ向かう
微妙な距離
地図
駅へ戻って電車に乗った方がいいのか…
電車の本数少ないからこのまま歩いた方が時間がかからないのか…
でも昨日も遠く思えたけど出釈迦寺から善通寺まで結構早かったし
歩きで行くことを決断!!
失敗した。
お寺とお寺の間の距離は地図と道標では差があることもある
しかも昨日の疲労が蓄積しているので1㎞は同じ1㎞ではない
使いもしないパソコンが重い!!
この時に疲れがドッときました…

11時
77番道隆寺に
やっと到着
「眼なおし薬師」
とも言われ
目の病気にご利益があるとか
我
ヨボ
ヨボ…
フラフラに
なりつつ
お参りし
売店で
「目ぐすりのお茶」を
お土産に購入
こ…
これをください…
目ぐすりの茶
その後
足を引きずるようにして
最寄駅まで歩き
電車に乗る
足の前半分
特に指が死ぬほど痛い
次のお寺に向かう
途中で一度降りる
目的は
お昼ごはんにうどん
うまい!!
小盛りを2杯いただきました
コシがもう
しかしこのお店
駅から徒歩15分ほど
足も痛いが
どう考えても
リュックが私に
合ってない…
もう少しで牛歩

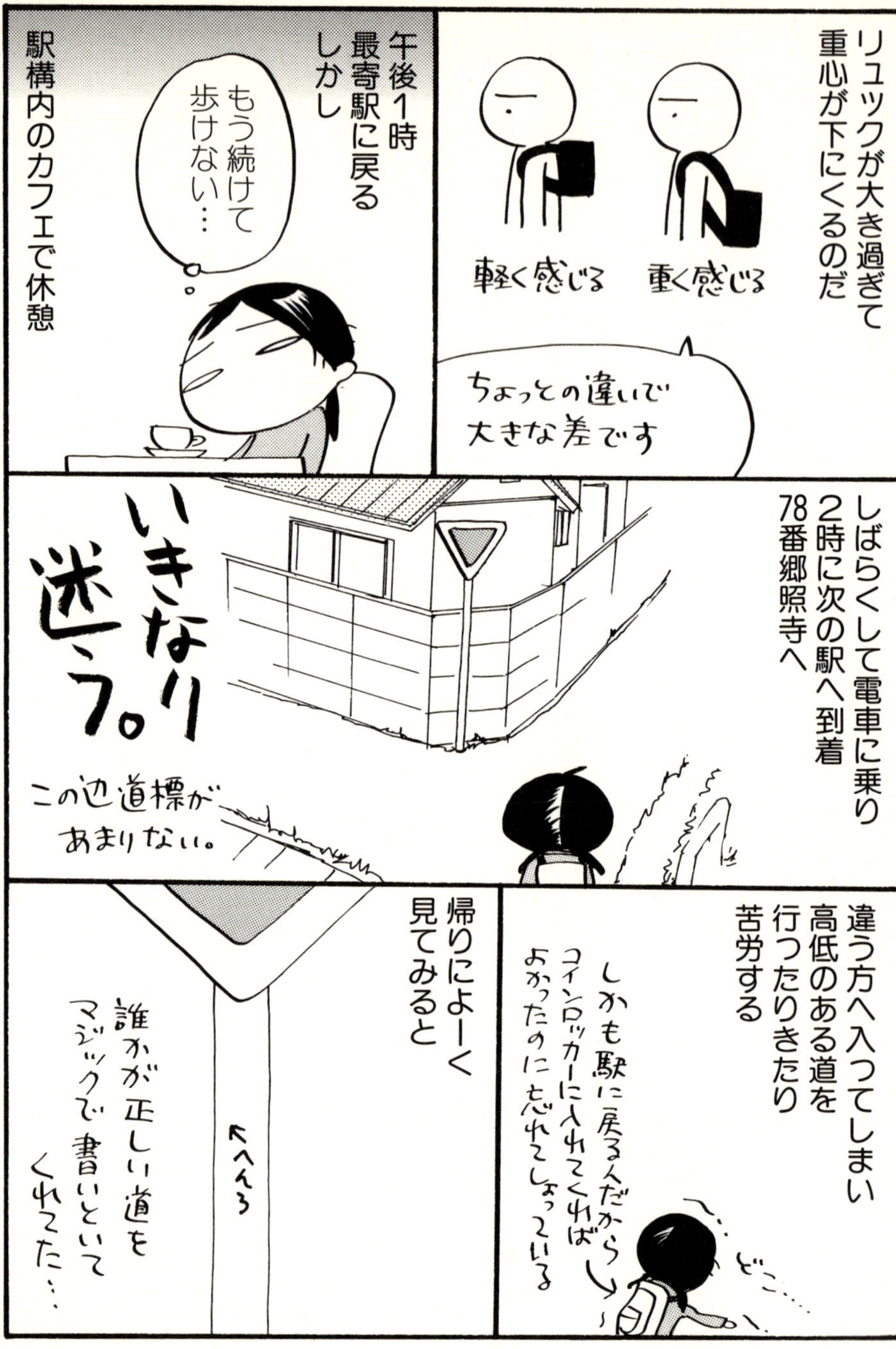
リュックが大き過ぎて
重心が下にくるのだ
重く感じる
軽く感じる
ちょっとの違いで
大きな差です
午後1時
最寄駅に戻る
しかし
もう続けて
歩けない…
駅構内のカフェで休憩
しばらくして電車に乗り
2時に次の駅へ到着
78番郷照寺へ
いきなり
迷う。
この辺道標が
あまりない。
違う方へ入ってしまい
高低のある道を
行ったりきたり
苦労する
しかも駅に戻るんだから
コインロッカーに入れてくれば
よかったのに忘れてしょってる
どこ…
帰りによーく
見てみると
へんろ
誰かが正しい道を
マジックで書いといて
くれてた…

郷照寺では
物思いにふける犬を見た
街の方向
寺の犬
3時
駅に戻る途中でインターネットカフェへ
メールチェックなど
3時30分
駅に戻り電車を待つ
なるべく足の裏を地面につけない
3時55分
79番天皇寺へ
歩き遍路集団10人ほどを目撃
トイレいっちょ？
4時25分
駅に戻る
4時40分
80番國分寺到着
松が見事

すいません
本堂って
どこですか
？
あっちの
奥です
5時に
閉まりますよ
木戸の奥でわかりにくい
ギ…ギリギリ!!
入ってみると
ほぼ人のうち
どう見ても
居間
↑ガラス戸の
中にご本尊
土産物
ぎっしり
どう見ても土間
お参りする時は
ご本尊
遠い…
私と
ご本尊の間には
土産物が

背後では
おばちゃんたちが
世間話の
真最中
あの人も頑張ってるんだけどねえ
なかなかねえ
ローソク立てを掃除して
おばちゃんの話とともに
私のお遍路は終了…
なむー
2泊3日で
回ったお寺は
9つ
（お寺がかたまっていたので）
ところで
その日のホテルで
もらった
新聞に
リュックの選び方
体に合ったものを！
元気があれば3日めも回れると思います
私は急に頑張りすぎました…
足の親指が
黒くなった
お風呂に2時間つかった
なんて
タイムリー
な!!
ご利益!?
いや 遅いのか!?
この後
なんだか悔しかったので
ムリヤリ
パソコンを使いました

バックパックの選び方

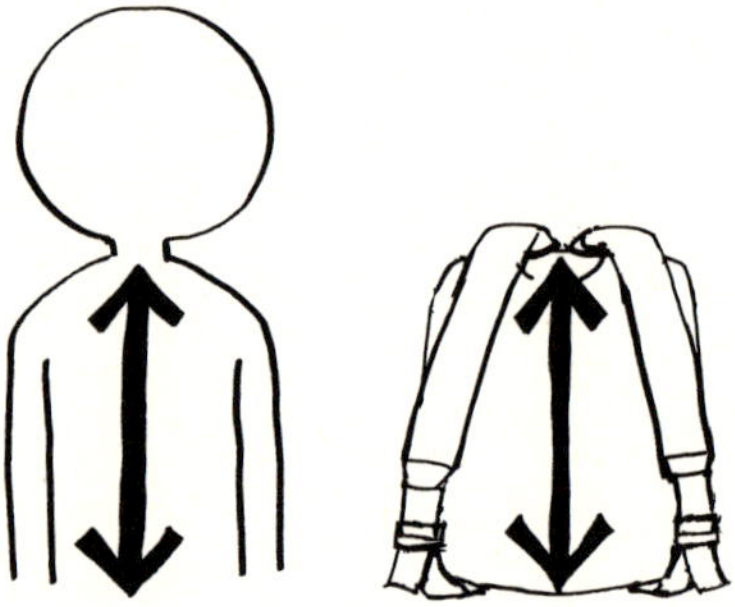

自分の肩から腰までと
本体の長さが同じものがよい

お遍路を終えて

楽しかった。というと語弊があるかも知れない。でも体は辛いのだが、確かにちょっと楽しく感じていた。

「旅行」しているのだから当たり前だ（しかもうどんも食べた）。これで修行になるのかどうかはわからないけど、歩いている間は延々と、これまでの人生などを考えていた。

自分を振り返る時間にはなります。一人で行くと特に。「お遍路」を自分の成仏、功徳を積むことを願ってやる人もいるみたいだけど、私は自分のためにはできないと思う。お寺を廻るより、ボランティアなどをした方がよほどいいことしてるはずだと思うので。

また、ハマってしまってずっと「お遍路」をやり続けるという通称「お四国病」にかかる人が結構いるらしい。

それほど充実感があるのです。でもすべて歩きだと相当な坂などあるので（「遍路ころがし」という）覚悟して行ってくださいね。

CHAPTER 8

内観

Naikan

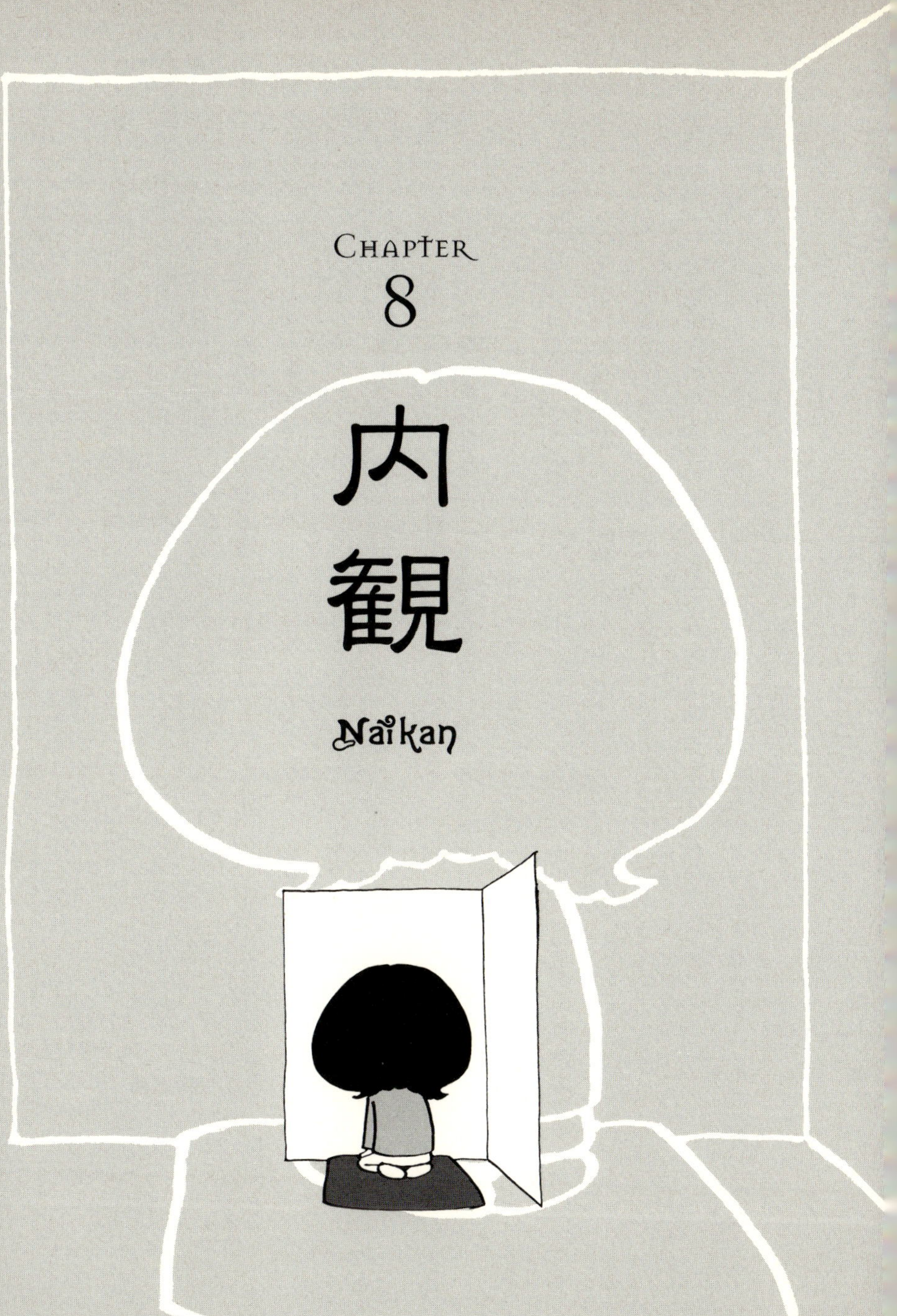

2泊3日の内観修行

「内観っていうものがあるんだよ」と教えてくれたのは杏子ちゃんであった。「内観って何？」「なんかね、自分の内面を見つめるから〝内観〟っていうみたい。1週間かけて人生を振り返るらしいんだけど最終日には号泣《ごうきゅう》したりするらしいよ」

最終日に号泣……。なんだかすごそうだ。ちょっと調べてみた。

「内観」とは、吉本伊信《よしもといしん》という人が確立した心理療法。個室または屛風《びょうぶ》の中で、両親・配偶者・友人などに対して自分が「世話になったこと」「世話をして返したこと」「迷惑をかけたこと」という三つをそれぞれ思い出していく。子供の頃から何年かごとに区切り、それぞれ具体的な事実を調べる。このことによって自分自身がわかり、まわりへの感謝を実感する、というもの。

少々解釈が足りないかも知れないが、私が調べた限りではこんな感じ。「精神療法」としてこれを行っている病院もある。全員にではないが、劇的な効果を生む場合もあるとか。やってみたい。即座に思った。

しかし、問題なのは期間。どこも1週間なのだ。ご飯もその屛風の中で食べるらしい。お風呂は1、2回。うーん、1週間も狭い空間にじっとしていたら、たぶん私は頭おかしくなるなあ……今でさえ集中力がなくて、家中を歩き回っているのに。

しかしさらに調べたところ、2泊3日でやっているところを発見した。次の問題は金額。6万。高い。んー、どうする。だけど正直、この「内観」にかなり興味がわいていた。し

CHAPTER 8

内観 Naikan

ばらく考えた後、行ってみることにした。これからの漫画人生にも役立つかも知れないし。杏子ちゃんも誘ってみたが、彼女は行く決心がつかないらしい。なので一人で申し込んだ。

疾しいことはございませぬ

朝8時半。それがこの「内観」の集合時刻であった。私はまたまた早起きをし、死ぬ思いで時間ギリギリに研修施設にたどり着いた。指示された部屋の前に行くと、男性が一人廊下に立っていた。

「ここ、内観…ですか？」

私が聞くと、その男性が「そうだと思うんですけど……」と言って、一つのドアをノックした。

「はい」と出てきたのは、結構なお年のおじいちゃんであった。

「内観の方ですね？　お入りください」と笑顔で言う。中に入ると、10帖の和室。この施設に入る時にわかっていたが、全体的にかなり古い。築30年はたっているだろう。後でもう一人男性がやってきて参加者は3人。

しかし最高でもあと女性一人を入れて4人だそうで、特別

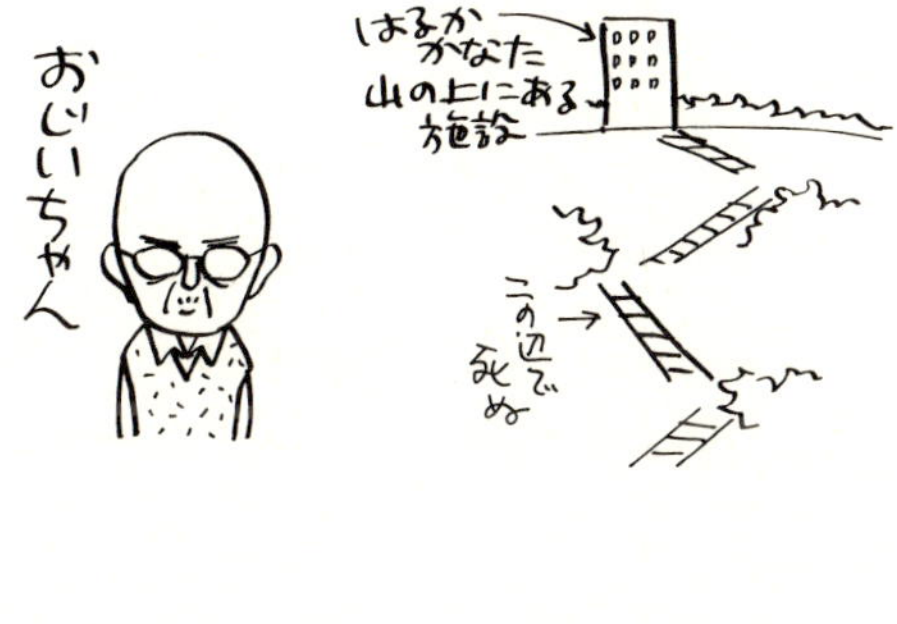

少ないわけではないらしい。男性は二人とも30代半ばといった感じ。机を挟んで、先生と参加者3人が向かい合った。

　さて先生の第一声。「皆さん、よくいらっしゃいました。これから行う〝内観法〟は私がよりよいものを求めて作りだした、従来とは違う〝内観法〟です。これを受けられる機会があって皆さんは本当によかったですね……」あれ？　今の自慢かな？

「今、病院などでやっている〝内観法〟は十分ではないんです。何度受けても〝わからない〟という人がいる。うちに来て初めて〝やっとわかった〟と喜んでくださる人は大勢いるし、その価値は第三者にも認められていて、実用新案をとってるものもあるんですよ」

　んんん？　明らかに自慢……。「内観」を初めてここで受ける私にはあんまり関係ないんだけどなあ。

「小栗さんは初めてなんですか。非常に珍しいですね」ここはあまり募集告知などを一般に向けて出してないのだそうだ。たまたま私はインターネットで期間や電話番号を見たのだけど。先生は「どこにも出してないのに一体どこで」と訝《いぶか》しんでいた。本当にネットだってば。

CHAPTER 8

内観 Naikan

内観業界不和説

とにかく研修が始まった。まず透明ポケットが20枚ついたファイルを渡される。「これから少しずつプリントを配っていくので、これに入れていってください。研修の最後には、とても中身の濃い〝内観〟の資料ができあがります」ちょくちょく自慢げな単語が挟まれてるなあ、この人の言葉には……そう思いながらも静かに聞く。

「3日間というとても短い間ですが盛りだくさんの内容で、従来の〝内観法〟ではカバーできなかった部分まで扱います」どうも話を聞いていると、私は三十余年知らなかったが(ちょっと年をぼやかしてみた)、世の中には「内観業界」というものがあるらしい。

先生もその一人で、学会にも出ているようなのだが、今一般的に行われている「従来の内観法」では、まったく効果がないまま終わってしまう人が数多く、それなのに「内観業界」はやり方を変えようとしないのだという。それに一人立ち向かい、新しいやり方を発明したのが自分である、という話だった。

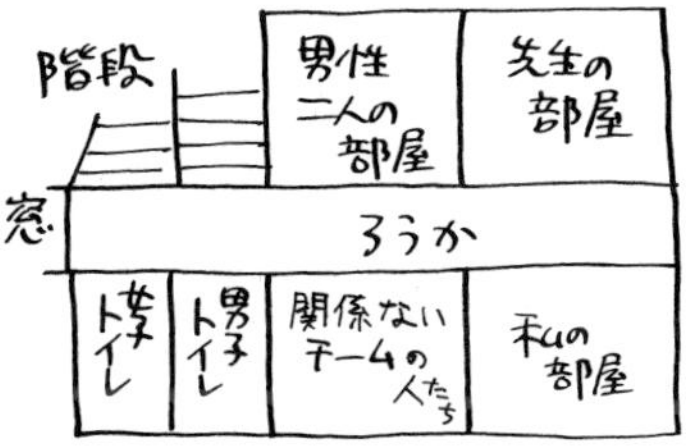

語り口調は穏やかで（というよりお年のせいか、ゆっくりで）笑顔なのだが、かなりの不満があるようだ。その熱い思いは、3日間にわたって随所で顔を覗《のぞ》かせていた。

参加者である男性の一人は病院勤務で「内観業界」を知っているらしく、先生の話を興味深げに聞いている。もう一人は「内観」を3回やったという流浪の人で、先生の言う通りそれだけやってもわからなかったと言っていた。先生は「そうだろう、そうだろう」とうなずいている。「あなたが悪いのではなく、やり方が悪いのですよ。大丈夫、うちならわかるはずですよ」はっきりと自信満々。

本当にそんなにすごいものなのかなあ……。半信半疑のまま、実習に突入した。

していただいたこと、して返したこと

この「内観法」は、いくつかの部分で構成されている。

1　学習（先生の部屋でプリントを見ながら概念を教わる）

2　内観（自分が周りの人間に「していただいたこと」「して返したこと」「迷惑をかけたこと」を思い出し紙に書く）

3　体についての内観

CHAPTER 8

内観 Naikan

4　心についての内観
5　体操

「従来の内観法」は2のみしかやらないので、１週間かけてもわからないままの人が出てくるのだと先生は言う。ここでは「これからの生活にどう生かしたらよいのか」また「体や心」まで教えるのでグッと素晴らしいものになったらしい。

早速、プリントが配られて学習の時間。ここの「内観法」の特質や概念を文章や図で説明される。「〝明るく活き活きとした生き方〟を身につけましょう」という道徳の授業的なことが書かれている。それを先生が全部読んでいき、補足説明があれば付け加える。禅法から始まっているため、「悟り」という単語も出てくる。

印象に残ったのは、自分から10世代遡《さかのぼ》ると累計２０４６人がおり、30世代遡ると累計２１４７４８３６４６人いるという話。もう下から「百、千、万でしょ……」と数えていかなければわからない単位。

その後、具体的に内観の仕方を教わる。この研修は期間が短いため、あらかじめ用意する年表があるのだが、これは生

あなたが生まれてくることを
お母さんは心待ちにし
あなたのために
栄養をとっています
あなたが今
生まれました
あなたのために
お母さんはお乳を
くださいます…
というのを
聞いて
すでに
涙ぐむ私
（涙腺が弱りきっている）

まれた時から現在までの自分の年齢が軸になっているもので、年ごとに主な出来事（高校入学・卒業など）を書いていく。

下の方には内観したい相手（家族・配偶者・友人）の年齢や出来事を書くスペース。この年表を研修に来るまでに自宅で書いてくるのだ。私も完成させて持ってきた。記憶があいまいなところは母にも電話した。そういう話を親子でするのもいいことだ、と先生は言っていた。ま、私はちょっとケンカになりそうになったのだが（ギリギリで回避）。でも幾つかの出来事を思い出せた。

私は子供の頃も最近も、覚えていることがビックリするほど少ない。自分が思っているよりもう少しアホなのかも。でも「昨日の晩ご飯、何食べたか思い出せないのは大丈夫。食べたかどうかわからなくなった時がピンチ」とどこかの医者が言っていたので、まだセーフ。3分いただければ、食べたものまで思い出せます。でも誰にも聞かれてないので次へ。

この年表を見ながら、自分の周りにいた人に「していただいたこと」「して返したこと」「迷惑をかけたこと」の三つについて年代別に具体的な事実を思い出し、紙に書く。

「していただいたこと」

1　○○をしていただきました。

2　その時自分は、○○と思いました。

3　相手の方の心情・動機は○○だったと思います。

以下、「して返したこと」「迷惑をかけたこと」も同様に三つの質問に答える形で書いていく。そのほか「この時間に気づいたこと」「これから○○しようと思う」ということについても書く（なければ「ない」でよい）。年代別の「年代」は相手によって区切り方が変わる。自分にとって近ければ近いほど細かく区切る。最初に内観する相手は母親で、この時が一番細かい。

例えば「生まれてから小学校入学まで」「小学校1〜3年」「4〜6年」「中学3年間」といった感じ。研修期間が1週間だと、1年ごとにやるのだとか。母親が人生で最初に接する人間であることが多く、また関わる時間が長いからじっくりやるそうだが、やはり母親というのは影響力があるんだろうなあ。母親の次は父親、次は配偶者、その後は友人、兄弟、会社の人など自分で決める。

この内観（昔は〝身調べ〟と言った）を、参加者の部屋に置いてある個別の屏風の中で行う。参加者の部屋は先生の隣と向かいで、同じく10帖ずつ。男性は二人で一部屋、女性は私一人なので一人で使えた。押し入れに布団が何組も入っており、お風呂やトイレ、洗面台はない。なんとなく修学旅行を思い出させる雰囲気。

屏風デビュー

濃い青の屏風が部屋の隅に立てられ、中に草緑の座布団が一枚置いてあった。部屋は古いけど新しいエアコン付きで、テレビとポットとお茶のパックが置いてある。掃除はちゃんとされているようで一安心。部屋の中では、寝る時以外屏風の中に座るのが基本。

ただ、他の内観法と違ってここでは食事の時はみんなで食堂まで歩くし、共同のお風呂にも行けるし、先生の部屋で学習もあるので助かった。屏風の中に座り続けるやり方は内観だけに集中するように、という意図らしいが私にはたぶん逆効果。きっとイライラして考えることが嫌になっただろう。

さていよいよ屏風の中に入る時がやってきた。屏風デビュー……。中に入ってみると内側の色はアイボリーで、座布団は大きめでなかなか座り心地もよい。早速、母親に対して「小学校入学まで」内観する。だいたい40分で思い出して書いておき、先生が面接に回ってくるので、それを発表するのだ。40分もあるというのに、私は5分で書き終わってしまった。前にも書いたように私は子供の頃の思い出が少ないので、この年代はこれとこれ、という感じで選択肢が少ないため早いのだ。ヒマだ……。

早速、お茶を飲んでみた。まだまだヒマ。ゆうべあまり寝ていないので、屏風の中で丸くなって寝てみた。猫か。しかし目覚めても先生が来ない。1時間半くらいした頃、ようや

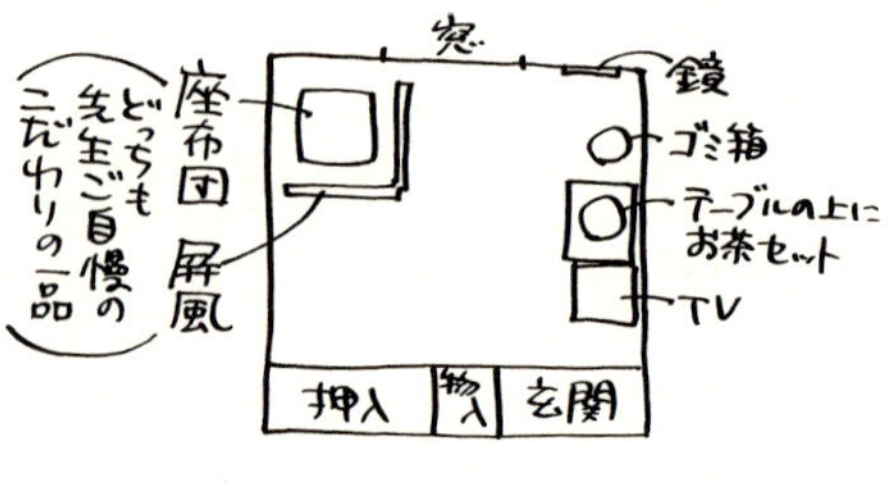

Chapter
8

内観 Naikan

く部屋のドアが開く音がして先生が入ってきた。屏風の前まで来る気配がしたけど、その後少し間があって、屏風の端が向こうにわずかに開かれた。先生が正座で座っていて、ゆっくり深々とお辞儀。私も合わせて頭を下げる。顔を上げた先生がゆっくりと言う。

「この時間は、誰に対する、いつからいつまでのご自分を調べてくださいましたか」私の回答は「この時間、母に対する私の小学校入学までを調べました」。そしてこの後三つの課題について発表した。

「していただいたこと」

1　兄弟3人が年子で私が末っ子だったため、私の世話がゆき届くようにと、ばあやさんを頼んでくださいました。

2　ばあやさんの家に預けられて母に会えない時もあり、自分としては寂しいと思っていました。

3　（それをしてくださった時の相手の心情は）その時はわかりませんでした。

「して返したこと」

覚えていません。

「迷惑をかけたこと」

1　友達と幼稚園のバスを待っていた時、ふざけていて友達が私を道路側に押し、道路の真ん中の方へよろけたことがありました。とても怒られました。

2　でも自分のせいではないと思っていました。

3　大変心配させたと思います。

先生は「うんうん」、時には「ほう」と反応よく聞いていて、私が話し終わると最初にこう言った。「この〝内観法〟によく来られましたね。本当によい機会を得たと思いますよ。この〝内観法〟は最近やっと完成したもので、従来とは違い……」って、またその話かい！　気分がそがれる。思い出に没頭しようと思っているのに、現実に引き戻される感じ。

私の話に関しては「お母さんはあなたのためを思ってそうしてくださったんですね」という普通の感想であったが、おじいちゃんの笑顔で言われると説得力は増す。この後も何を言っても、全体的に「肯定的」でスポンジのように話を吸い取って帰っていくという感じであった。

この面接は先生が何かを教えるのではなく「自分が気づくこと（＝悟り）」を目標にしているからだろう。面接の最後に、男性二人はとてもたくさん質問があったので、ここに来るのが遅れてしまったと謝ってくれ、それから次の時間は誰に対するいつの自分を調べるかという確認をした。

またお辞儀をし、屏風が閉められ、先生が出て行って1回めの面接が終了。そして次の年代の事実を「調べて」また書き出す。3日間、基本的に毎日これの繰り返しである。

指令！　階段は一段抜かしで

2回めの内観が終わった時、お昼になったので食事に向かう。廊下で集合後、食堂へ。内観中は自分自身のことに集中するため、参加者同士の会話は禁止。先生も必要なことしか言わない。

食堂に行ってみると、大学の学食みたいな雰囲気。実際、この施設は大学の合宿に使われることも多いらしく、この日も大勢の大学生でなかなかにうるさい。他に「民話の会」みたいな札が立っているテーブルもある。食事は自分で運んでいく方式で、先生がトレイやお箸をとって進んでいくので、私たちは全部真似をする。

今日のメニューはステーキだった。薄く、硬かったけれども。先生、ステーキ大丈夫なのかと心配したが、一定の速度でモッシモッシと快調に食べていく。ここの食事は特別おいしいわけでもないけど、まずくもない。ただ、食器がすべてプラスティックなのが寂しいなあ……と思った。

食事が終わって部屋へ戻る道はかなりの階段を上らなければならない。先生が「私は一段飛ばしで全部の階段を上っていきます。強制はしませんが、体のために毎日できることとして、挑戦したいと思えばしてください」と言って一段抜かしながらグイグイ上り始めた。

私たちもあわてて同じく一段抜かしながら続く。少し上ったところで早くも息があがる。部屋に戻るには9階分くらいはあるのだが、部屋の前に着いたのは先生が一番で、息も乱さず私たちを待っていた。すごい。80歳くらいのおじいちゃんである。習慣とはいえ、なんという体力。

しかし次の日、いきなり始まった先生の「大告白」を聞いたら、さらにこれが奇跡のようなことなのだ、とわかった。驚くような事実を先生はこの後、言うのである。

部屋に戻って、内観を続ける。3回め以降も、私はたいてい5分くらいで書き終わってしまっていた。子供の頃のことに限らず、私は時々今までの記憶を反芻しては、その時の周りの人の気持ちになってみたり、「こうしていたら結果が違っていたんじゃないか」と想像することがある。漫画を描いているせいかも知れない。いやそういう人間だから漫画を描いているのかも。とにかく、記憶の分量が少ないだけに持っているものはよく思い出すので、この作業はそれほど新鮮味はなく、相手の気持ちも想像ずみ。そしてそれが感謝しなけ

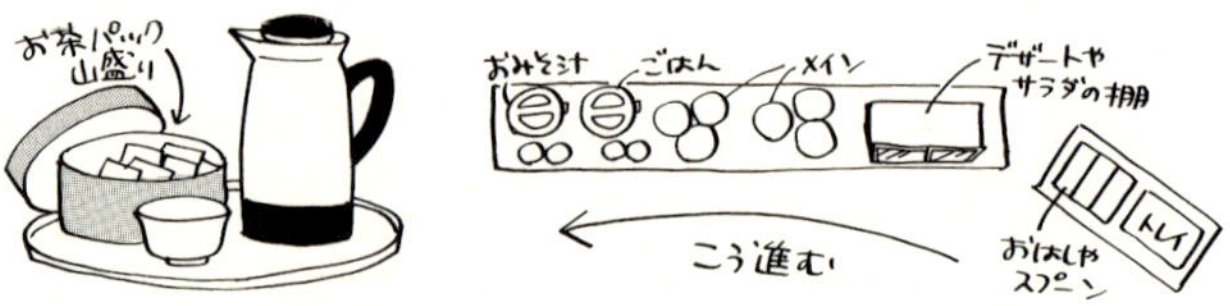

CHAPTER
8

内観 Naikan

ればいけないものだということもわかっているつもり。新しい経験というのは、それを書いて誰かに言うということだけだった。

　だけどこれが意味が無いかというと、そうでもない。どっちゃやねん。あのですね、文字にしたり声に出すというのは、改めて自覚するし、感謝の気持ちが深くなるように思うのです。なのでやってよかったと考えております。

　ただヒマなので、部屋の中をぐるぐる回るという挙動不審なことをし始めました。こういうの、見たことあるなー、そうそう動物園の檻《おり》に入れられてストレスのたまったゴリラや象だ……と思いつつ。私は普段「今日宅配便が届くから家にいなければならない」ということすら苦手で、いつ何時でも自由にフラフラしたい人間なのだ。そんな私にとって、屏風の中で一日中……というよりすでに、この部屋にいなければいけない、とか出かける時は一緒にという時点で息苦しい。息苦しいからお茶を飲む。もう何杯飲んだか知れない。でも部屋にお茶のセットがあって本当によかった。パックで十分。ストレスを癒す、一杯の熱い煎茶《せんちゃ》。あーお茶万歳！　と心の中で絶賛しつつ無言でぐるぐる。そのうち壁に頭をぶつけ出

したら本格的に危ないだろう。

夕方、お風呂に入る。あまり時間がないので大急ぎ。でも急ぎすぎたようで先生に「早いですねえ」と驚かれる。その後、夕食。食堂に行ってみると、おかずのコーナーに「何かのフライ3コ」の皿と「ロールキャベツ」の皿と「鶏の照り焼き」の皿が。おかしい。どう考えても一品多い。それになぜ昼「肉」、夜「肉」なのか。この他に生野菜とティラミス風ケーキもあるし。私は少し考えて一番面白みの少ない「鶏照り」を辞退した。どこで食べてもそう変わらないかなと思い。

先生は躊躇《ちゅうちょ》なく皿を全部トレイにのせていたが、今度こそ大丈夫か。明らかに老人の摂取カロリーを超えている。心配しながらフライを食べてみるとカキだった。最近カキが食べられるようになったばかりの私にとって「3コ」は前人未到であったが、小さかったこともあり食べられた。新記録。静かに喜んでいたが、先生を見ると案の定少し残していた。そりゃ無理でしょう。帰り、また一段飛ばし。

見直したぜ、先生

部屋に戻り、また内観。体操もしてみた。しかしカロリー過多。ほんと過多。座っているのがしんどい。夜になって父親に対する内観に入る。父親の場合「小学校入学まで」「小学校6年間」「中高6年間」とだいたい6年きざみ。内観しながら気づいたことがあれば、それも書いておく。

ところで夜になって、先生が屏風を開ける前に少し間があく理由がはっきりわかった。

CHAPTER
8

内観
Naikan

先生は屏風を開ける前にも「ゆっくり深々お辞儀」をしているのだった。私の目の前でするのとまったく同じ速度。もちろん最後もそうやって去っていく。部屋に電気がついたので壁にその影がうつり、私にも見えたのだ。この姿には心を打たれた。誰にも見えていなくても、心を込めて頭を下げる。参加者3人の間をぐるぐる回っているのだから疲れてくるだろうに、素晴らしい姿勢だ。先生、自慢話しないでこの姿勢だけ見せるべきだよ！　その方が先生の価値がわかるよ！と私は心の中で思った。

その後10時くらいになって、先生の部屋に集合。入ると布団が敷かれており、先生が考案したという体操を見る。腕を伸ばしたり、体をひねったりと通してやると10分はかかるのだが、先生はこれを毎朝起きた時やっているという。腕立てふせまでやっていた。

しかし最初から全部やろうとすると絶対続かないので、少しずつやるといいとのことだった。こうして体のことを考えるのも、「従来の内観法」とは違うのです！　この日はこれで終わり。部屋に戻って布団を敷き、寝る。明日は5時起き。でも遅れると嫌なので携帯のアラームを4時半にセットする。

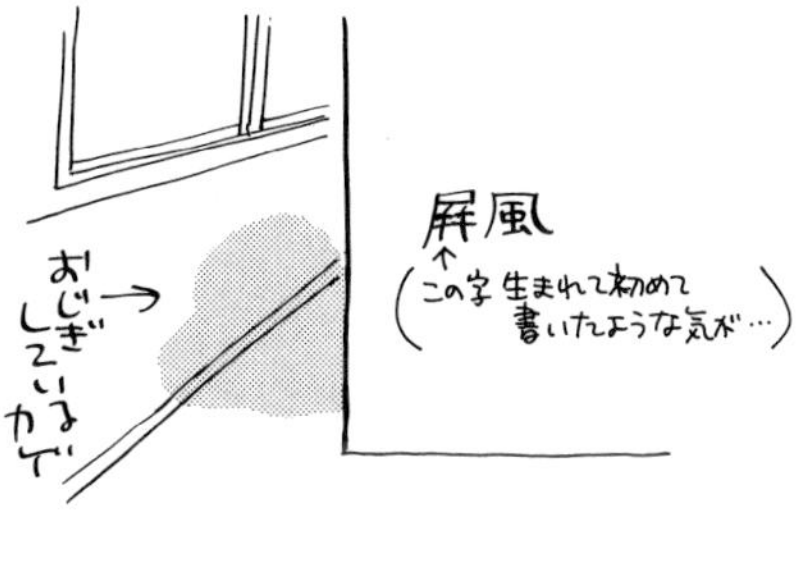

大人《おとな》しく寝ようと思ったのだが、ついテレビで大好きな「恋のから騒ぎ」をちょっと見る。テレビは本当は禁止です。その後就寝。

朝4時半、アラームが鳴った！　と思って飛び起きて電気をつけたら午前2時半だった。携帯のアラームをセットしたのは初めてだったこともあり、緊張していたらしい。もう一度寝る。それでも早めに起きて、ポットのお湯を入れ替えに行く。本当は食事に行くついでにお湯を入れるように言われていたのだが、どうしても今飲みたかった。

誰にも見られず部屋に戻ってこれて、早速一杯。お茶万歳！　一人で喝采《かっさい》、あっ、またラップ調に。日の出前、畳の部屋で一人へたくそラップ。淋しい。

5時になり、布団をあげ洗面などして、5時半から内観の続き。それほど眠くはない。面接の最後に「あのー、部屋の中をぐるぐる歩き回りたいんですけどダメですか？」と聞いてみる。「うーん、本当はダメなんですが、まあいいでしょう」やったー。これで堂々とぐるぐるできるぞ。

しばらくして朝食へ。朝食の前に外を少し散歩。早歩きなどするのだがここでも先生はブッチギリの早さ。すごい。

CHAPTER
8

内観
Naikan

問題勃発！　先生VS.小栗左多里

午前最初は先生の部屋で学習。「内観の技法」や「どうやって実生活に生かしていくか」「理想の生き方」など。やはり非常に道徳的、または神様のいない宗教的な趣《おもむ》き。しかし、ここで少し問題発生。先生が「私は企業などのためにコンサルタントもやってきましたが、いつも大変に喜ばれて、契約以上のお金をいただくこともよくあります。人間、よくされたらそれ以上に返したくなるものなんです。何度も多くいただいたことがありますよ。頑張れば結果は出るものなんです」と言いだしたので、つい私は反論してしまったのだ。

「一生懸命やって、それがよい結果になっても、自分のところに反応が返ってこない場合だってあるんじゃないですか？　でも、自分の目に見えなくたって、よくしてあげた人は私じゃなく他の人によくすることで感謝を返そうとしているかも知れないですよ。仕事じゃなければ、そもそもお礼を期待するのは間違っていると思います」

先生は「いや、お礼は期待してないですよ」「でもお礼がたくさんもらえたって言うってことは、そう意識してるって

ことじゃないですか？」「いや違います」と、こう書くと大したことではないのだが、ちょっとした討論になったのだ。

先生は前から「このシステムをよくしていくために、何か気づいたことがあったらどんどん言ってください」と言っていたのだが、少々ムッとしている様子。でもね。私は自分が指導する立場なら「お礼が自分に返ってこなくても怒るな。どこかで回り回っているかも知れないよ」って言うんだけどなあ。

よりよく生きていくために必要な情報

その後、また屏風の中で内観。母親も父親も、いいことばかりを思い出し「してもらったこと以上に、自分はまったく返せていない」という思いが強くなる。それは三つの項目自体がそう思うようになっているから当然といえば当然。

しかし先生いわく、前に参加者に「なぜ〝迷惑を受けたこと〟という項目がないのか」と聞かれたので、試しにその人にその項目で内観してもらったのだそうだ。するとしばらくして「やっぱりこれはやらなくていいですね」とその人が言ったという。過去に嫌なことをされた時のことをどれだけ思い出してみても、「これからよりよく生きていくために必要な情報にはならない」と感じたらしい。

確かに、家族や身近な人間に対して「恨み」や「怒り」の感情を思い出すことは、マイナスにはなりこそすれ、プラスになるとはあまり考えにくい。実は私は、内観の「ゴール」は早いうちから見えていると感じていた。「自分が周りに生かされている」という感謝。結局、これではないだろうか。周りに感謝し、自分のことを振り返り、気持ちを行動に変えて返す。これがうまく回りだすと理想的なのではないかと思う。

ただ、その感謝の念が自分の生活を変えるほどに実感できるかどうか。それは内観のやり方、個人の資質によって違ってくるんだろうけれど。私は心から尊敬するお坊さんがいたくらい仏教的な考え方を持っていたので、内観の考え方は共感できるのだけど、「何事も感謝」という教えに慣れてしまっているだけに（実際できるかどうかは別にして）、「こういう時はこう思うべき」という模範解答みたいなものをたぶん持ってしまっている。それが逆に新たな「気づき」を阻んでしまっているのかも知れない。ここへ来ても今まで自分一人で思ってきたことの範囲を出ていないのだ。

ところでこの回の面接の時、先生が「先ほどの小栗さんのお礼に関する意見、私も幅広く考えるきっかけになりました。ありがとうございます」と穏やかな顔に戻って言った。しばらくたつと大丈夫らしい。

昼食の時間。相変わらず量が多い。揚げ物、焼き物、煮物すべてがのっかったりしている。いつも出されたものは残さ

ないようにしているけど、もう絶対無理。少しずつ残してしまう。すでに太った気がしてきた。これではいくらぐるぐるしても追いつかない。

でも粗末でもなくまずくもないことに感謝。こういう生活では、ご飯を食べに来るのは嬉しい気分転換だから。

午後、引き続き内観。父親の亡くなった年までやった時は、少し泣いてしまった。私は一人部屋なのでよいが、男性二人は屏風でしか区切られていない空間で大丈夫なのかなあと、人ごとながら心配になる。名字しか知らない他人だが、プライヴェートが洗いざらいダダ漏れなんである。私ならちょっと耐えられない。杏子ちゃんが来なくてよかった。たぶん、お互いに。友人と一緒の部屋だと、よけい正直に言えない気がする。

夕方、お風呂と食事。もう食えん。

先生、攪乱作戦

その後、人に対する最後の内観。私の場合は配偶者。これは二つの期間に分けて「調べた」。私が配偶者に対して「と

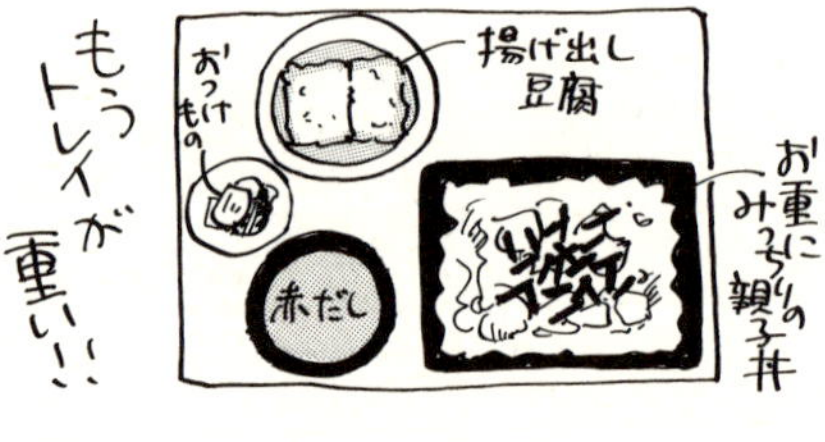

CHAPTER 8

内観 Naikan

ても感謝している」と言うと、先生は「では、その気持ちを言葉で表していますか？」と、「表してない」という答えが前提のように聞いてきたが、「はい、〝ありがとう〟も〝感謝してる〟も言ってます」と答えると、先生「ほーう、すごいですねえ。私なんか、最近やっとです」って、お———い。指導する立場ではないか。

しかし最後に、いきなり先生が困ったことを言いだす。私は、年表に「漫画家としてデビュー」と正直に書いていたのだが、それを見て先生が「小栗さんの漫画に興味を持ちました。よかったら題名など教えてもらえませんか」と言いだしたのだ。私はこういうところで〝漫画家〟という理由で特別な興味を持たれるのが苦手。お坊さんに対する期待も高いが、こういう「人を指導する立場の人」に対するそれも同じ。私が漫画家であったって「それがなんですか」くらいの態度でいて欲しいのだ。でもずっと顔をつきあわせていて、面と向かって言われては断りづらく、名前と本のタイトルを一つ紙に書いて渡してしまった。あーなんで教えるのか自分。直後に大後悔。（取り返さねば……）と決心した。

9時くらいに先生の部屋に集まり、体に対する学習。健康

の大切さや、体に対してする内観の仕方の説明など。この時、先生がいきなり「告白」し始めた。「実は私、重篤な病気なんです。しかも末期にかなり近い状態です。一度は医者に〝余命一年半〟と言われました」

言葉をのむ参加者一同。「でもその時、〝これは大きな試練を与えられたな。なんとか頑張ってみよう〟と思って、ありとあらゆる医者の書いた本を読みました。そして一つの病院を見つけ、そこに通い始めたんです。その医者も同じ病気で余命3カ月と言われたけれど、自分で調べて奇跡的に回復し、同じ治療を多くの人に施しているんですよ。私はそこへ行っているおかげで、まだ生きています」

し、信じられない……。階段一段飛ばしの、顔ツヤのよい、なんでも食べるこのおじいちゃんが、そんな重篤な病気!? でも本当なのだった。先生は血液検査の結果も持ってきているのである。「あまり元気なので自分でもそろそろ治ってないかなと思うけど、やっぱり治ってないです」と笑っている。これは素直にすごいと思った。誰にでもできることではない。

この人、口だけではないんだなと思った。いや疑ってるわけじゃなかったのよ。一日でも長生きして欲しい。心からお

作戦実行中
あのー内観をやることによってですねー

CHAPTER 8

内観 Naikan

祈りします。って合掌するのもいいけど、まだ私の問題が残っている！

衝撃の告白の後、しばらく学習に戻った。最後に先生が「何か質問ある人は個別にでも受け付けますよ」と言うので早速「あの……ちょっとお話が」と手を挙げた。

男性二人は部屋に戻り、先生と二人になってから切り出す。「さっきの紙……返して欲しいんですけど。私、自分が何者か先生にわからないからこそなんでもいろいろ言えるのに、本とか読まれて私のことが知られたりするの、嫌なんです……」

私がそう言うと、先生はさっきの紙を挟んであったファイルから取り出したが、そのまま「そうなんですか……。でも私は小栗さんと話してきて、素晴らしい方だと思い、興味がわいてきたんですけどねえ」などと言いつつ、紙をじっと見つめている。

ひょ、ひょっとして私に返す前に記憶しようとしてる？

「あの、すみません、お願いします」と重ねて言うと「では……そんなに苦しめているとは思わず、申し訳なかったですね」と返してくれた。「ありがとうございます」しかし！私が今これで部屋を出てしまったら、先生は記憶したことを紙に書き留めるかもしれない！　記憶がなくなるまでいろんなことを話して先生の脳内を攪乱《かくらん》しなければ!!　と思いたち、内観のことなどについて質問しまくった。先生は丁寧に一つずつ答えてくれて、「小栗さんは本当に熱心で素晴らしい」とほめてくれた。先生、すまん！

1時間近く話した後、自分の部屋に戻る。この作戦が成功したかどうかはわからないが、今できることはやった。なんだかすがすがしい気持ちで寝た。

厨房にもの申す

最終日。また4時半に起き、ポットのお湯を替えにゆく。

6時から、体に対する内観。人生を自分で三つくらいに分けて、その年代の体調を「調べる」。私の場合「0〜18歳（実家）」「19〜28歳（一人暮らし）」「29歳〜現在（二人暮らし）」に分けた。項目は「体調」「食事」「運動」「睡眠」など。この一つ一つに対して「正常であったか」「前向きであったか」などの事実を「調べる」。「体調」「食事」はまだしも、「運動」「睡眠」はどの時代もよくなかったような。もちろん反省。でも直せるという自信はない。

朝食。焼き魚、佃煮《つくだに》、海苔《のり》、納豆など。生卵辞退。

その後、先生の部屋で心に対する内観の学習。内観の仕方の説明など。また自分で年代を三つに区切り、「客観性」「向上心」「安らぎ」という項目について、それぞれ「正常であったか」「前向きであったか」など細かく「調べる」。

書き出していってみると、今が一番心の調子がいいように

思う。この心に対する内観は、普段何かあった時にやってみるといいと言われた。この内観が最後。

昼食。先生が「内観の実習が終わりましたので、これからは自由にお話しして結構ですよ」と宣言。和やかムードが流れる。男性二人は結構気が合うらしく、仲良く話し始める。メニューは「カツカレー」「肉じゃが」「サラダ」「コーヒー牛乳」。最後まで多い。「カツ」に「カレー」なら「肉じゃが」はないだろ、と厨房にツッコミの一つでも入れたいところだ。しかし大学生チームはこの上お菓子も食べたりしてるんだろうなー。若いって恐ろしい。

CHAPTER 8

内観 Naikan

みんな、ありがとう

最後に先生の部屋に集まり、今までの生活の採点表や、これから実行する「約束」を決める。具体的に決めて実行していかないと生活は変わらないし、変わらなければ内観した意味がないから、だそうだ。「母」や「配偶者」など、相手を決めて、その人のために何をするか明記してゆく。そのほか「体」と「心」に関しても二つ以上、やることを決める。希望者はこの先1年間、その約束が守れたかどうか先生と連絡しあう。私は希望しなかったのでこれで終了となった。

しかしここでまた……問題が。

「約束」を書く紙などと一緒に、先生は「実用新案登録書」までコピーして配ったのである。「あのー、このコピーにはどんな意味が……」「だから、内観法の価値が第三者にも認められたという証明です」

んー、実用新案取ることと、この内観の価値は問題が違うんじゃないかな？　例えばラーメン屋さんが客寄せのために「実用新案登録の製麺法！」とチラシに書くのはわかるけど、もうお店に来てるお客さんに「実用新案登録取ってるからうちのはおいしいよ！」と言っても、「いや今自分で食べて決めるから」って話でしょう。

　そのお客さんがおいしいと思って初めて価値が生まれるのではないだろうか。私がそういうことを言いかけたら、先生が「じゃあ小栗さんはいらないかな？　欲しいという人にあげるからいいですよ」とムッとされたのでコピーを返した。

　本当にいらないからいいや。「芸術の世界とは価値観が違う」的なことも言われたが、反論すると話が長くなるのでやめた。もう早く帰りたかったのだ。

　最後の最後に感想を話し合い、「提案があれば……」と言われたので「いろいろ思い出せるように写真や手紙を持ってこれると、もっといいと思う」と言った。男性には「おー確かに！」とウケたが、先生の琴線には触れなかったようで、笑顔で流された。

CHAPTER 8

内観
Naikan

「過去に内観3回」の流浪の人は、先生が初日に宣言した通り「やっとわかってきました」と大納得している様子だった。それは本当によかったなあ。

男性二人はどちらも優しそうな感じで、先生の自慢話にも「ほーう、すごいですねえ」といつも驚いたりうなずいたりしていた。私がヤな奴なだけなのか。すみません。

しかし、人間っていろんな研鑽《けんさん》を積んでも「自己顕示欲」はなくすのが大変なんだなあと実感した。それが「生きる意味」「自己肯定」につながるからなのかな？　「他人に認められる」ということは重要だろうけど、自分で言うより、行動で表した方が何倍も尊敬されるんではないかと思うんだけど。

まあこれも言うのは簡単、やってみると歯がゆくて「えーい、見て見て私のすごいとこ！」とベローンとしたくなるのかも知れない。先生はすぐに機嫌を直してまた元通りになったので、最後に握手して解散した。

あ〜〜〜〜〜長かった。これでやっと自由だ！　檻を出た私は周りへの感謝を抱えつつ、夕暮れの中、家に向かった。

内観を終えて

意外と辛くて驚いた。

行く前は「精神的に辛いのかな」と思ったけど、どちらかといえば「部屋に閉じ込められた」のがしんどかった。

屏風の中で一日中、というのは私には耐えがたい。しかし改めてこれまでの人生を振り返ってみるのは確かに意味がある。

探せば日帰り体験させてくれるところもあるみたいだけど、でも一日だけだと本当に形式だけになるような気がする。

家でも時々、自分が「してもらったこと」を思い出してみるといいかも知れない（「やられたこと」ではなく！）。それにしても「内」というより「外」を観たという印象。「外」によって「内」ができあがってくるということなのだろうか。感謝することが多い人生は素晴らしい。

出来事を読み直してみることで感謝が増えたらもっといい。

おわりに

修行に行って始まったのは、雑念との戦いだった。

多くの修行は「雑念を払う」ことに命を懸けている。

しかし皮肉なことに修行をしてみて初めて、いかに自分が雑念の多い人間なのかがわかったのだ。多いどころか、雑念の湧かない瞬間なんてない。もう雑念が息をして、ご飯を食べているようなもの。

これを書いている今だって、文字を打ちながら「このパソコン、ちょっと変な匂いする……」と思っているし、お風呂上がりのため生乾きの髪が気になってもいる。って、これは集中力の問題か（しかし「雑念が多い」と「集中力がない」はほとんど同義語だと思う）。

結局、こういう「雑念」の部分が個性ではないのだろうか。同じ景色を見ても感じることや考えることが違うのは当たり前。その違いが個性で、つまりは「雑念＝私」なのではないのか。

修行はこの雑念を払い、自分を透明の入れ物にするような感覚なのだ。難しい、と同時にちょっと怖いことでもある。これだけ私の脳内にうずまいている雑念をどかしたらどうなるのだろう。雑念を払った先に何があるのか。見てみたい気持ちは本当にあるのだけど、まだ見たことはない。

それから懸案の「幸せ」問題。

修行の途中、座禅を組みに行ったお寺で気がついたことがある。お寺にいる人が誰一人、幸せそうな顔なんてしていないのだ。長年修行している人も、幸せどころか世界中の不幸をしょって立ってるみたいな感じである。どう考えてもその辺で犬を散歩させている人の方が幸せそうだ。

しかしその犬が死んだ時、飼い主は多いに嘆き悲しむだろうけど、修行者は「命はいつか終わる」と冷静に受け止められるかも知れない。修行をしていくと、そうやって「心の波」が振れなくなっていくのだろうと思う。

それは、幸せなのか。

私は修行をしていくうちに、ある言葉を思い出した。

「幸せとは、心の強さのことである」

この言葉を知った時、私はとても納得した。貧乏だったり辛い状況であっても「幸せだ」と笑っていられる人もいれば、お金持ちでも満たされないまま生涯を過ごす人もいる。

結局、「幸せ」とは条件ではなく、どのような場所にいてもそれを「幸せだと思えるかどうか」だけにかかっている。

「幸せだと思えるか」は言い換えれば「感謝できるか」だと思う。「感謝する心」、つまりそれが実は「強い心」であり「足りない何か」なのではないかなあと。私は思ったのでした。

本当は気持ちを切り替えればすぐそこにあるはずだけど、なかなかできない。

「感謝する」って、当たり前に言われすぎていて普段は心を通り抜けていってしまう。修行は、少なくともその気持ちを思い起こさせてくれる。

しかし人は病気になったら健康の有り難さを実感し、災害にあって初めて普段の暮らしが恵まれていたのだと認識するもの。あるいは生活が大変であれば、修行どころではない。というか生活そのものが修行とも言える。わざわざ修行しにいくというのは、とても贅沢で、幸せなことなのかも知れない。

と、私の修行の動機が「幸せになりたい」だということで、「幸せと修行と私」みたいな文章になってしまいましたが、まったく違う気持ちで修行に挑む方もいらっしゃると思います。

どんどん、頑張ってください。そして、本当のところどうなのかはご自分で感じて下さい。ただ当たり前のことですが、礼儀や作法も修行のうちですし、また遊びでもありませんので、その場の決まりや指示には必ず従ってくださいね。

最後には勝手に「係の人」みたいになってしまいました。

そんな私も幸せに感謝しつつ、また修行に行きたいと思っています。

おわりに
Owarini

小栗左多里
Oguri Saori
●
岐阜県生まれ。
1995年、少女漫画誌「コーラス」(集英社)にて、
「空に真赤なモノレール」でデビュー。
著書に『ダーリンは外国人①②』(メディアファクトリー)、
『英語ができない私をせめないで!』(大和書房)、
『おねがい神様』『この愛のはてに』
『まじょてん①②』(ヤングユーコミックス)などがある。
URL http://www.ogurisaori.com

装幀|スミカマミチヨ
本文デザイン|松田美由紀[幻冬舎デザイン室]

こんな私も修行したい!
精神道入門

2004年6月24日 第1刷発行

[著者]
小栗左多里

[発行者]
見城 徹

[発行所]
株式会社 幻冬舎
〒151-0051 東京都渋谷区千駄ヶ谷4-9-7
電話 03-5411-6211(編集)
03-5411-6222(営業)
振替 00120-8-767643

[印刷・製本所]
図書印刷株式会社

検印廃止

ISBN4-344-00625-9 C0095

幻冬舎ホームページアドレス http://www.gentosha.co.jp/

この本に関するご意見・ご感想をメールでお寄せいただく場合は、
comment@gentosha.co.jpまで。